2025年度版

市役所試験 早わかりブック

資格試験研究会◎編

実務教育出版

市役所職員ここがイイ!

**市役所職員採用試験（町村役場・区役所を含む）の志望者と市役所の現役職員に，市役所職員のどこに魅力があるのか聞いてみました！
その人気の秘密をご紹介します！**

魅力その①

やりがいのある仕事!

- 仕事の幅が広い！
- 地域社会のために働ける
- 地元に貢献できる
- 福祉や環境などの現場で働ける
- 住民と直接向き合う仕事ができる

現役職員の方々は「この地域をよくしていきたい！」「住民のお役に立ちたい！」という使命感を持って市町村職員になり，実際に仕事をするうえでも「地元を盛り上げたり，住民の生活を支える仕事に直接携われる」ことにやりがいを感じているようです。これは何物にも代えがたい市町村職員だけの魅力でしょう。

魅力その②

安定している!

- 倒産しない
- リストラがない
- 給料がイイ
- いろんな「手当」がもらえる
- 転勤がほぼ市内に限られる
- 退職金が高額
- 社会的信用度が高い
- 景気に影響されない
- 「ノルマ」がない

なんといっても安定していることも魅力です。とにかく勤め先が突然なくなってしまうことはありませんし，いきなりボーナスが0になるということもありません。給料は比較的高水準ですし，不況などで雇用が不安定ということもあって，近年は公務員人気が高まっています。

魅力その③

充実の福利厚生!

有給休暇が取りやすい

職員宿舎に安く住める

残業がそれほど多くない

保養施設も充実

完全週休2日制

育児・介護休業を確実に取れる

ワークライフバランスを実現できる

完全週休２日制で年間20日間の有給休暇や各種特別休暇制度が充実していて，さらに休暇も取得しやすいというのも魅力。

さらに，格安の職員宿舎に住めたり，各種保養施設が使えるなど，イチ企業では到底太刀打ちできないほどの充実ぶりです。

魅力その④

実力本位!

自分の専門分野を生かした仕事ができる

研修制度が充実

男女差別がない

昇進も努力次第！

「コネ」に左右されない

学歴が問われない

採用試験は，基本的には年齢制限のみでだれでも受けられます。採用後の配属・昇進についても差別はなく，自分の希望と実力次第で活躍のフィールドを広げていけます。また，研修制度などキャリアアップのための制度もいろいろそろっています。

もっとある!
市役所職員の魅力

地元で就職できる

親が安心する

結婚しても仕事を続けられる

まちのエリートとして尊敬される

まったりと仕事ができる

モテる！

通勤がラク

それでは，どうすれば市役所職員になれるのか？
さっそく本書で確認していきましょう！

GO!

本書の特長と使い方

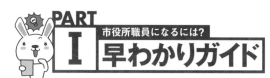

PART I 市役所職員になるには? 早わかりガイド

試験のアウトラインがわかる!

「試験や職種の種類」「受験資格」「試験のスケジュール」「併願のしかた」「試験の形式」「合格に必要な得点」などをQ＆A形式で説明します。

PART II どんなところが出る? 教養・専門試験の攻略法

筆記試験の対策がわかる!

市役所試験で出題される科目それぞれについて，出題の形式，出題される範囲，学習のポイントを解説するほか，過去10年間の出題テーマを一覧表で示します。

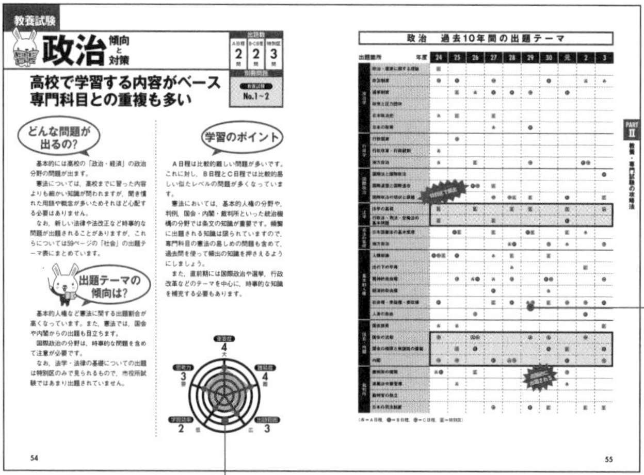

注目の出題テーマをピックアップ

科目ごとの特徴を図式化

PART Ⅲ キミは解けるか? 過去問の徹底研究

どんな問題が出るのかわかる!

過去問の中から「今までよく出題され，今後も出題可能性が高い問題」をセレクトし，その問題の特徴や解き方のコツなどを，1問ずつに付けています。

目標とすべき解答時間

合格者ならどのぐらい正答できるか

PART Ⅳ これで受かる? 実力判定&学習法アドバイス

今の実力とやるべきことがわかる!

PARTⅢの過去問を解いて採点することで，実力を測ることができます。総合得点の判定をするだけでなく，細かく得意・不得意を明らかにして，必要な学習の指針を示します。

本書の使い方

本書はどこから読んでもかまいませんが，次のような使い方があります。

①「PARTⅠ→PARTⅡ→PARTⅢ→PARTⅣ」の順番に，ひととおり必要な知識を確認したうえで過去問に挑むのがオーソドックスな使い方です。

②「PARTⅠ→PARTⅢ→PARTⅣ→PARTⅡ」の順番で，まずは過去問を解いてみて自分の弱点を把握し，それを克服することを意識しながらPARTⅡを読み進めるという使い方も可能です。

市役所試験 早わかりブック CONTENTS

PART I

市役所職員になるには？
早わかりガイド

はじめに，複雑で種類の多い試験制度の説明をします。
「受けるべき試験はどれか」「受験資格は満たしているか」
「併願はできるのか」「どんな内容の試験が行われるのか」を
知ることは試験対策の第一歩ですし，それらを知ることによって，
学習の無駄を省くことにもつながります。

市町村の職員ってどんな仕事をしているの？

防災，環境保全，農業振興，まちおこし，福祉，水道，消防，教育，税金関係，……

住みよいまちにするために，いろいろな仕事をしています！

住民のための仕事はいっぱいある

「市役所・区役所・町役場・村役場の仕事」というと，役所の窓口で住民票を発行したり……というのを思い浮かべると思いますが，それは仕事のごくごく一部にすぎません。

まずは右ページの「**ある市役所の組織と仕事**」の図を見てみてください。まちづくりの計画を練ったり，地元の農業・商工業を発展させる方策を考えたり，防災や環境保全に気を配ったり，ごみ問題を解決したり，道路や河川・上下水道を整備したり，税金を徴収したり……。**住民のための行政サービス全般を行うのが市役所・区役所・町役場・村役場の仕事なので，その役割は多種多様な範囲にわたっているのです。**

職員は「事務系」が多いけど

市役所・区役所・町役場・村役場に勤めている職員は，事務系の人たちが多いです。事務系の仕事内容はどの市でもおおむね共通して「**行政全般に関する企画立案，調査，連絡調整，相談業務**」などとされています。

市町村の職員には事務系職員のほかにも，土木や電気などの技術系職員や，栄養士などの資格・免許系職員，学校校務員などの技能系・現業系職員がいますし，消防官・消防士もいます。まさに**市町村は「仕事のデパート」**のようなものなのです。

□仕事も職場も固定されていない！

配属先や異動については，自分の希望を言えるところが多いよ（認められるかどうかは別の話だけど）

市役所・区役所・町役場・村役場では，各職員の仕事も職場も固定されておらず，**何年かおきに部署を横断して人事異動が行われています**。ですから，たとえば最初は商工観光部で観光客の誘致に励み，次は財務部に移って固定資産税の管理をし，その次は支所の窓口で住民対応……というふうに，いろいろな職場でいろいろな仕事を経験することになります。

消防の仕事については，『消防官試験早わかりブック』を見てね！

ある市役所の組織と仕事

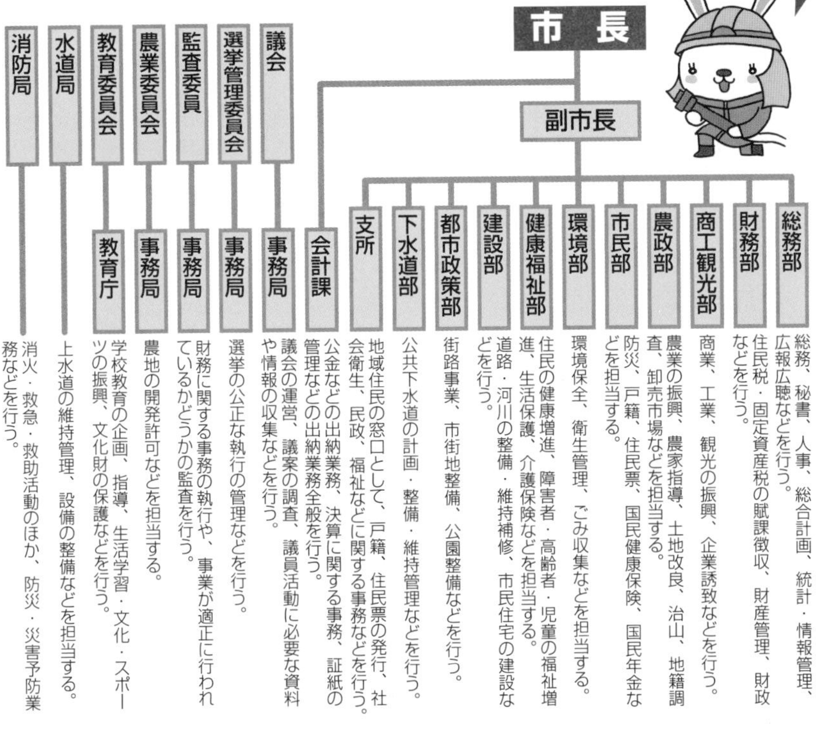

市長
副市長
総務部
総務、秘書、人事、総合計画、統計・情報管理、広報広聴などを行う。
財務部
住民税・固定資産税の賦課徴収、財産管理、財政などを行う。
商工観光部
商業、工業、観光の振興、企業誘致などを行う。
農政部
農業の振興、農家指導、土地改良、治山、地籍調査、卸売市場などを担当する。
市民部
防災、戸籍、住民票、国民健康保険、国民年金などを担当する。
環境部
環境保全、衛生管理、ごみ収集などを担当する。
健康福祉部
住民の健康増進、障害者・高齢者・児童の福祉増進、生活保護、介護保険などを担当する。
建設部
道路・河川の整備・維持補修、市民住宅の建設などを行う。
都市政策部
街路事業、市街地整備、公園整備などを行う。
下水道部
公共下水道の計画・整備・維持管理などを行う。
支所
地域住民の窓口として、戸籍、住民票の発行、社会衛生、民政、福祉などに関する事務などを行う。
会計課
公金などの出納業務、決算に関する事務、証紙の管理などの出納業務全般を行う。
議会
事務局
議会の運営、議案の調査、議員活動に必要な資料や情報の収集などを行う。
選挙管理委員会
事務局
選挙の公正な執行の管理などを行う。
監査委員
事務局
財務に関する事務の執行や、事業が適正に行われているかどうかの監査を行う。
農業委員会
事務局
農地の開発許可などを担当する。
教育委員会
教育庁
学校教育の企画、指導、生活学習・文化・スポーツの振興、文化財の保護などを行う。
水道局
上水道の維持管理、設備の整備などを担当する。
消防局
消火・救急・救助活動のほか、防災・災害予防業務などを行う。

市役所職員になるための近道ってある？

各自治体が行う採用試験に合格すればOK！正規職員になる道はコレしかありません！

□「採用試験」に合格しなければダメ

民間企業のように，履歴書と簡単な面接だけで採用が決まってしまうということはありません。「コネ」や「口利き」による不正な採用を防止するためにも，市町村の正規職員の採用に関しては，公平公正な「採用試験」によって行われることになっています。

一昔前ならいざ知らず，現在の市町村の採用試験においては，だれかに相談すると便宜を図ってもらえたり，有利な扱いにしてもらえたり……ということはありません。市長の息子であっても地元有力者の娘であっても，**この「採用試験」に合格しないと，正規の市町村職員にはなれないのです。**

アルバイトや嘱託職員・非常勤職員など正規職員以外の採用は，試験がないものもあるよ

また，役所でアルバイトをしていたり，非常勤職員として働いていたからといっても，「採用試験」を受けずに正規職員になることはできません。

□「採用試験」は甘くない！

試験の内容については28ページを見てね！

採用試験の大きな関門には筆記試験と面接試験がありますが，筆記試験については，民間企業に就職するときとは全然違う独特のものになっていることが多いので注意が必要です。

また，市役所職員になりたい人はたくさんいますから，当然ながら採用試験の競争率も高くなっています。なんとなく受けたらなんとなく受かっちゃった……という生やさしいものではありません。**筆記試験用の対策を練っておかないと合格はできない**といってもいいくらいです。

まずは本書を読んで，採用試験に合格するためには何が必要かということを知ってください！　きちんと対策をすれば，きっと合格できます！

□「採用試験」が実施されないことも!?

すべての市町村で毎年採用試験が行われているかというと，そうではありません。なかには長年職員の採用を休止しているところもありますし，去年までは採用試験を実施していたのに今年は休止というところも，逆に去年までは休止していたのに今年は実施する……というところもあります。

また，採用試験は各職種年１回というのが基本ですが，臨時募集を行っている自治体もあります。

自分が志望している自治体の職員採用試験がどういう状況なのか，事前に確かめておいてくださいね。

市役所職員採用試験（上級職）の実施状況

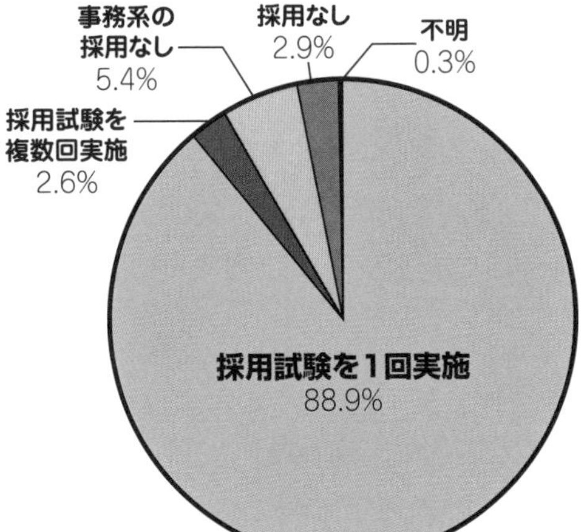

採用試験ってだれでも受けられるの？

受験資格さえ満たしていれば，だれでも受けられます！

「年齢」が一番のポイント

市町村職員の採用試験は，受験資格さえあればだれでも受験できるようになっています。

この「受験資格」のうちで最も重要なのが「年齢」です。市町村の職員採用試験では，ほぼすべての自治体で受験できる年齢に制限を設けていますが，基本的に公務員試験には年齢以外の条件はないといってもいいほどです。受験資格を満たしていれば，採用試験の過程において，年齢・学歴・男女などで差別されることはありませんので，応募者全員が同じ土俵の上で競うことになります。

なお，市町村の職員採用試験特有の傾向として，少数ですが学歴や住所などについて問われるところもあります。年齢制限以外の条件について詳しいことは16ページで説明しますが，十分注意してください。

30歳くらいまで受けられるところが多い

試験によっても違ってくるのですが，受験できる年齢は各自治体ごとにバラバラです。

市役所の上級試験の場合，過去に採用試験を行った自治体の事務系区分の受験可能年齢の上限を集計してみると（下の図を参照してください），おおむね30歳くらいまで受験可能というところが多くなっていることがわかります。

「上級」などの説明は18ページを見てね

市役所上級試験の年齢の上限

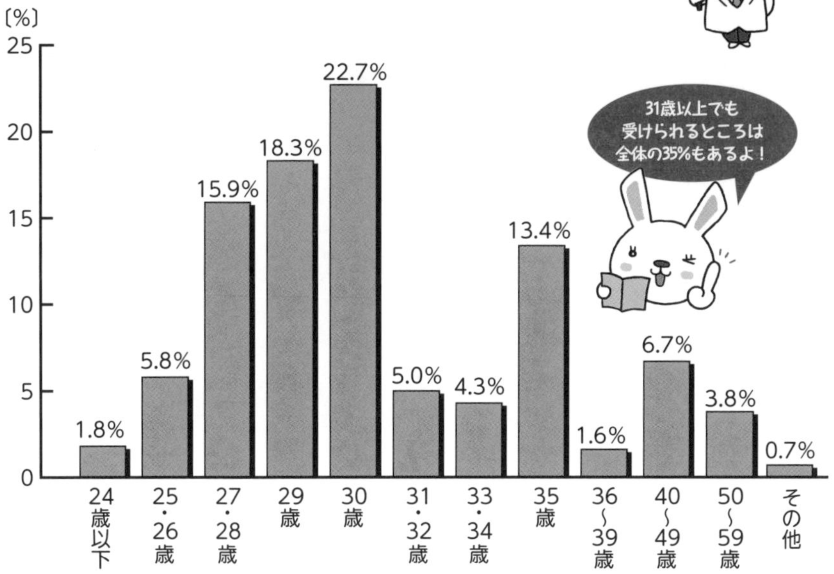

□年齢制限は緩和される方向に！

近年は公務員試験全体で年齢制限を緩める傾向にあり，**30歳を超えても受けられる採用試験が年々増えてきています**。市役所上級試験においても同じで，なかには茨城県つくば市などのように，59歳まで受験可能という自治体も出てきています。事務系職員の定年は60歳というのが一般的なので，これらの自治体では実質的に年齢制限がないと思ってもいいでしょう。

また，社会人経験のある人向けの**経験者採用試験（社会人採用試験）**や，就職氷河期世代を対象とした採用試験などを実施している自治体もあります。当然年齢制限も緩くなっているので，転職先として市町村を考えている方はそちらを検討してみてもいいかもしれません。

年齢条件さえ満たしていれば受験できるの？

自治体によって
違うから
注意してね

学歴や住所が問われることもありますし，日本国籍の有無については対応が分かれています

□住所による制限

基本的には自分が住んでいる市町村や隣接自治体だけでなく，**どの地域の市町村の職員採用試験でも受験できます**。もちろんお隣の都道府県の市町村職員の採用試験を受けてもだいじょうぶです。

ただし，少数ですが「○○市に居住する者または採用後○○市内に居住可能な者」というような条件をつけている自治体もあります。

□学歴による制限

試験のレベルは「大学卒業程度」「短大卒業程度」「高校卒業程度」などに分けられてはいますが，「大学を卒業または卒業見込みの者」というように**学歴に関して条件を設けている市町村は少なくなっています**。ですので，学歴要件のない市町村では，たとえば中卒の方が大学卒業程度の試験を受験してもかまわないということになります。

試験のレベルに
ついては18ページを
見てね

□資格・免許による制限と身体基準

職種によっては，その業務に必要な資格や免許の取得（取得見込の場合を含む）を受験の要件にしている場合がありますが，**事務系については，基本的に事前に資格・免許を取得している必要はありません。**

また，消防官・消防士の採用試験では「身長○cm以上の者」などの採用基準を設けていることがありますが，事務系の職種には身体基準はありません。

職種については
20ページを
見てね

□国籍要件

原則として，**「公権力の行使に当たる業務」に従事するためには日本国籍が必要とされます。**そのため，受験資格において日本国籍を有するかどうかが問われる場合があります。これを「国籍要件」といいますが，市町村によって，

＊日本国籍を有しない人の受験を認めない
＊職種によっては，日本国籍を有しない人の受験を認める
＊同じ職種でも日本国籍を有する人と有しない人で別々の試験区分とする
（日本国籍を有しない人は「公権力の行使に当たる業務」などを除いた業務に従事する）
＊日本国籍を有しない人であっても，永住者や特別永住者に限って受験を認める
＊国籍要件を完全に撤廃

のように対応が分かれています。

Memo

法律で受験できない人

あまり該当する人はいないと思いますが，地方公務員法第16条の「欠格条項」に該当する人も受験できませんので念のため。

□ 禁錮以上の刑に処せられ，その執行を終わるまで又はその執行を受けることがなくなるまでの者
□ 当該地方公共団体において懲戒免職の処分を受け，当該処分の日から二年を経過しない者
□ 人事委員会又は公平委員会の委員の職にあって，同法第五章に規定する罪を犯し刑に処せられた者
□ 日本国憲法施行の日以後において，日本国憲法又はその下に成立した政府を暴力で破壊することを主張する政党その他の団体を結成し，又はこれに加入した者

市町村の採用試験って何種類もあるの？

1つの自治体の中でもさまざまな採用試験があります

A

□試験のレベル別に分かれている

市町村の職員採用試験は基本的に各自治体ごとに個別に実施され，仕事の内容と試験のレベルによって「**上級・中級・初級**」などと分けられています。なおかつ**職種や試験区分**（行政事務・消防士など）ごとにも分けられていますので，入口はけっこう細分化されています。

なお，周辺の市町村が合同で採用試験を行ったり，事務組合や広域連合など別の組織が採用試験を行うこともありますし，試験のレベル分けも「上級・初級」の2つだったり，レベル分けをしないところがあったり，上級試験のみを行ってそれ以外の試験は行わないところがあったり，試験の実施時期がまちまちだったりと，**自治体によってかなり事情が違っているので注意が必要**です。

□あくまでも「試験問題のレベル」の話

採用試験の名称は自治体によって異なっていて，「上級・中級・初級」「Ⅰ類・Ⅱ類・Ⅲ類」「大卒程度・短大卒程度・高卒程度」などいろいろあります。名称とレベルの関係は，およそ次ページの表のようになっています。

なお，**「大学卒業程度」の試験というのは，あくまでも試験問題のレベル（難易度）が大学卒業程度ということ**であって，大学を卒業していないと受験できないということではありません。

採用試験の名称とレベルの関係

上級・Ⅰ類	大学卒業程度の試験。幹部候補となる職員の採用が中心。
中級・Ⅱ類	短期大学卒業程度の試験。資格や免許を有する職員の採用が中心。
初級・Ⅲ類	高等学校卒業程度の試験。一般事務に従事する職員の採用が中心。

□「市役所上級試験」とは？

試験日程についてはは22ページを見てね

公務員試験の業界では「一般の市役所」の「大学卒業程度」の職員採用試験を総称して「**市役所上級試験**」といっています。

市役所上級試験は，地元密着の身近な地方公務員になるための採用試験として人気があり，**地方上級試験**（都道府県庁職員などの採用試験）とともに中心的な試験です。また，**各市役所は試験日程や試験の内容もほぼ共通した傾向が見られます。町村役場の採用試験もほぼ市役所と同じ**ですので，試験対策上は「市役所試験」のところを見てもらえればOKです。

なお，政令指定都市（札幌市，仙台市，さいたま市，千葉市，横浜市，川崎市，相模原市，新潟市，静岡市，浜松市，名古屋市，京都市，大阪市，堺市，神戸市，岡山市，広島市，北九州市，福岡市，熊本市）と，東京の特別区（23区）は，都道府県と同様に人事委員会が職員の採用を行っているので，公務員試験の分類上は，都道府県の大卒程度の採用試験とあわせて「**地方上級試験**」というくくりになっています。

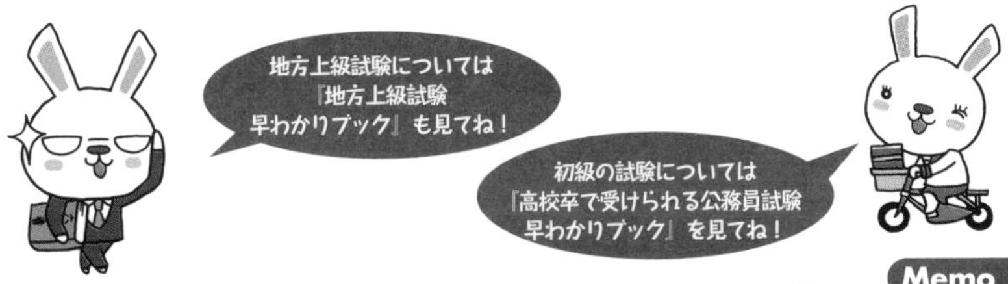

Memo

経験者採用試験・社会人採用試験

最近は民間企業等での職務経験を持つ人を対象とした「経験者採用試験」「社会人採用試験」を実施する自治体も増えています。

試験のレベルはおおむね高校卒業程度で，市役所初級試験に準じた内容ですが，職務経験を書く論文試験が課されるなど独特の試験となっているので，本書では詳細な説明は省いています。詳しくは，姉妹編の『社会人が受けられる公務員試験早わかりブック』『社会人基礎試験早わかり問題集』をご覧ください。

「試験区分」とか「職種」って何のこと？

仕事の内容に応じた，職員採用試験の募集の枠組みのことです

□職種と試験区分

職種とは，採用後に従事する仕事のおおまかな種別のことです。10ページの市町村の仕事のところでも触れましたが，職種は大きく「事務系職種」「技術系職種」「資格・免許系職種」「公安系職種」「技能系・現業系職種」に分けられます。

この職種に応じて採用試験の内容も違ってくるわけなのですが，**職種を採用試験の枠組みに従って分類したものが「試験区分」と呼ばれるものです。**

市町村試験の職種と試験区分の名称の例

職種	試験区分の名称
事務系職種	行政，事務，行政事務，一般行政，一般事務，事務職など
技術系職種	土木，建築，電気，機械，農業，水産，化学，造園など
資格・免許系職種	看護師，薬剤師，臨床検査技師，栄養士，保育士など
公安系職種	消防官，消防士，消防職，消防吏員など
技能系・現業系職種	学校校務員，運転手，清掃作業員など

□事務系がメイン

本書では，一般的な市町村職員のイメージに近い職種として「事務系」を対象として話を進めていきます。

事務系は，特定の部署に限定されずにさまざまな分野でデスクワークなどに従事することになるため，採用試験においても一番募集人数が多くなっています。「市町村職員採用試験」といえば事務系の試験をさしていると思ってもいいくらいです。

技術系や資格・免許職については，募集人数が少なく，専門的な分野に従事することになるために試験もその専門分野に準じた専門的な内容になっているので，基本的には本書の対象外としています。技能系・現業系については，最近は民間委託を推進するなどして合理化が進んでいて定期採用が減る傾向にあるので，本書では扱っていません。また，消防官・消防士については，姉妹編の『消防官試験早わかりブック』で詳しく扱っていますので，本書では説明を省略しています。

ただし，**技術系，資格・免許職，消防官・消防士の採用試験では，事務系と同じ試験日程で同じ試験問題が使われることも多いので，教養試験の対策は本書でも可能です。**

Memo

市町村立学校の事務職員は？

ややこしいですが市町村立の小・中学校で働いている事務職員は，都道府県・政令指定都市の採用になっています。

というわけで試験対策としては「地方上級」なので，姉妹編の『地方上級試験早わかりブック』をご覧ください。

Memo

警察官は？

消防官は基本的に市町村が採用する職員ですが，警察官は都道府県の採用になっています。「国家権力の…」なんていわれることもあるので国家公務員と思っている方がいるかもしれませんが，警察官は「地方公務員」です。なお，警察官でも「警視正」以上に昇任した場合は「国家公務員」になるのですが，かなり限定的な話です。

警察官の採用については，姉妹編の『警察官試験早わかりブック』をご覧ください。

採用試験は いつ行われるの？ どういう日程なの？

基本的に各自治体ごとに 年１回行われていますが，日程はバラバラです

□試験の日程は要注意！

市町村の上級試験（事務系）は原則として年１回実施されますが，試験の日程は各市町村バラバラ。ただし，バラバラといっても**何日かの統一試験日**があって，各都道府県内の市町村は同日実施という場合も多いです。

□大きく３つのグループに分けられる

市役所上級試験は，一次試験の実施日によっておおまかに３つのグループに分けられます。

県庁所在市など比較的大規模な市が入るのが**Ａ日程**です。一次試験は６月下旬に**地方上級試験と同日に実施**されます。

Ｂ日程には，全市役所の約２割が該当します。一次試験は７月中旬に行われており，町村の試験でも同じ試験問題が課されているようです。

Ｃ日程は，約半数の市が該当する

市役所上級試験の一次試験日

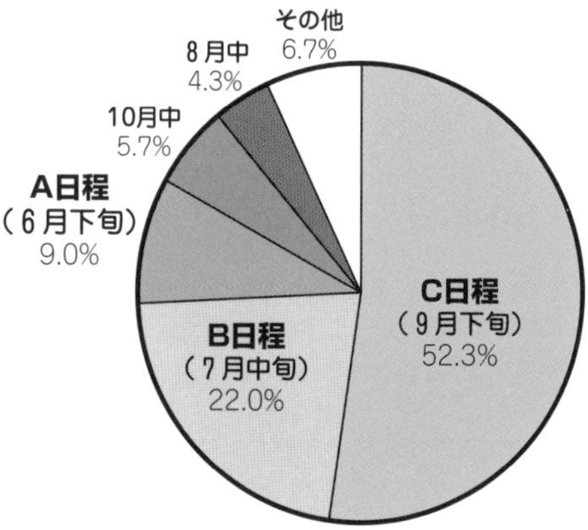

市町村の職員採用試験の主流のグループとなっています。一次試験は９月下旬で，こちらもＢ日程と同様に町村の試験でも同じ試験問題が課されているようです。

なお，東京の**特別区**の一次試験は５月上旬に行われるなど，独自の日程で採用試験を行う市町村も多いです。

□採用試験のスケジュール

Ｃ日程のスケジュールの例

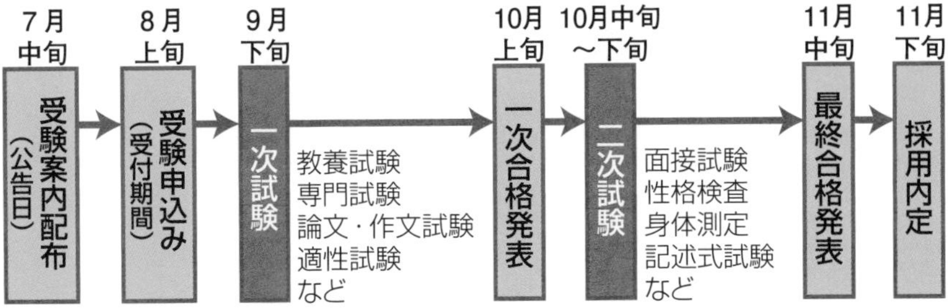

一般的に採用試験は上の図のように進んでいきます。

まずは，市役所・区役所・町村役場や支所・出張所などで**受験案内（募集要項）**を入手して，受験の申込みをすることになります。申込みをすると，一次試験の前に受験票が送られてきます。

一次試験は日曜日か祝日に行われており，１日で終わります。筆記の試験が中心で、午前中に教養試験を行い，午後に専門試験や論文試験，適性試験などを行うのが一般的です。試験会場は，その市町村内にある高校や中学校，役所内の会議室，市民センターや公民館などの施設を使うところが多いです。一次試験の合格発表は，一次試験から２～３週間後に行われます。掲示板および市町村のウェブサイトに合格者の受験番号が掲示されますが，合格者には郵便で合格通知が届き，その中に二次試験の要項が入っています。

一次合格発表から１週間ないし半月くらいの期間内に**二次試験**が行われます。二次試験は平日も行われることがあり，１日では終わらずに複数日に及ぶ場合もあります。結果は，掲示板および市町村のウェブサイトに合格者の受験番号が掲示されるほか，二次試験の受験者全員に郵便で結果が通知されます。

なお，まれに**三次試験・四次試験**を行うところもあります。

ほかの市町村やほかの試験を受けてもいいの?

試験日さえ重ならなければ，自由に受けられます!

□市町村どうしの併願もできる!

同じ試験日の試験を同時に受験することはできませんが，**試験日が違えば市町村どうしの併願も可能**です。また，数は少ないですが，年に複数回採用試験を行う市町村もあり，その場合は同じ自治体をまた受験してもかまいません。

□公務員試験では併願するのが一般的

ほかの公務員試験との併願はもちろん可能で，逆に**併願せずに志望先を１つに絞って受けている人のほうが少数派**です。

先輩たちの例を見ると，市役所上級試験の受験者は，国家公務員一般職試験［大卒程度試験］（一次試験日は６月中～下旬）や，地方上級試験（同６月下旬）と併願している人が多いようです。ただし，**市役所のＡ日程は地方上級と一次試験日が同じであるため，同時には受けられない**ので注意が必要です。25ページには，主要な公務員試験等の一次試験日をまとめましたので，参考にしてください。

もちろん**民間企業との併願も可能**です。しかし，大学４年生の就職活動では，市町村の採用試験が始まる頃には民間企業の採用活動は終わってしまっているところが多いので，「市役所がダメだったら民間企業を受けよう」というのは難しいかもしれません。

主な公務員試験の一次試験日（令和５年度）

3月19日	衆議院法制局総合職
4月1日	衆議院事務局総合職
4月9日	**国家総合職**
4月15日	参議院法制局総合職
4月16日	参議院事務局総合職
4月29日	警視庁警察官(第1回) I 類／国会図書館総合職／国会図書館一般職［大卒］
4月30日	**東京都 I 類B**／**特別区 I 類**／警視庁警察行政職員 I 類／東京消防庁職員 I 類
5月13日	裁判所総合職／裁判所一般職［大卒］
5月14日	**警察官(大卒程度５月型)**／警察官(高卒程度５月型)／東京都 I 類A／北海道A区分事務系(第1回)／大阪府［大卒］／海上保安学校(特別)／東京消防庁消防官 I 類(1回目)
5月20日	衆議院事務局一般職［大卒］
6月4日	皇宮護衛官［大卒］／法務省専門職員／財務専門官／国税専門官／食品衛生監視員／労働基準監督官／航空管制官／海上保安官／防衛省専門職員
6月10・11日	外務省専門職員
6月11日	**国家一般職［大卒］**
6月18日	**地方上級**(府県・政令指定都市)／**市役所上級(A日程)**
7月2日	国立大学法人等職員
7月9日	**市役所上級(B日程)**／**警察官 (大卒程度7月型)**
8月19日	参議院事務局一般職［高卒］／参議院事務局衛視
9月2日	衆議院事務局一般職［高卒］／衆議院事務局衛視
9月3日	**国家一般職［高卒］**／国家一般職［社会人］／税務職員／東京消防庁消防官Ⅲ類
9月10日	裁判所一般職［高卒］／東京都Ⅲ類／特別区Ⅲ類／警視庁警察行政職員Ⅲ類／東京消防庁職員Ⅲ類
9月16日	警視庁警察官(第2回) Ⅲ類
9月17日	**市役所上級(C日程)**／**市役所初級**／刑務官※／警察官(大卒程度９月型)／**警察官(高卒程度9月型)**
9月24日	**地方初級**(道府県・政令指定都市)／地方中級(9月タイプ)／東京消防庁消防官 I 類(２回目)／皇宮護衛官［高卒］／入国警備官※／航空保安大学校／海上保安学校
10月1日	国家総合職(教養)
10月15日	警察官(高卒程度10月型)
10月28・29日	海上保安大学校／気象大学校
1月7日	警視庁警察官(第3回) I 類／警視庁警察官(第3回)Ⅲ類

太字は特に受験者の多い採用試験、**赤字**は高校卒業程度の採用試験、※はほかに社会人採用区分がある試験を示しています（地方自治体の早期試験や秋試験、就職氷河期世代試験など募集や日程が毎年変則的な試験、募集が技術系・資格免許職のみの試験は除外しています）。
地方上級試験において，行政系と技術系で日程が異なる場合は，行政系の一次試験日としています。また、都道府県等の名称を掲載したのは独自日程のところのみで、掲載がないところについては基本的に各統一試験日に実施されています。

Memo

併願していることは隠したほうがいい？

面接試験などの際に，併願先を聞かれることがありますが，正直に答えてしまっても問題ありません。面接官も併願していることは百も承知ですから，逆に「ココしか受けていません！」と言うとうそをついていると思われてしまいかねません。ただし，「こちらが第一志望です！」という一言を必ずつけ加えてくださいね。

申込み手続きで注意すべき点は？

絶対に期限を守ること！必要書類に不備がないかも要チェック！

□受験申込のスケジュール

まずは受験案内（募集要項）を入手しましょう。その中に申込用紙が挟み込まれているので，それを使って受験の申込みをすることになります。また，市町村のウェブサイトから申込用紙をダウンロードして，それをプリントアウトするという方法もあります。

受験の申込みは締切日までに済ませておく必要があります。A～C日程と特別区の一般的なスケジュールは次のようになっています。なお，なかには受験案内配布から申込締切までの日数があまりなかったり，申込受付期間が極端に短いところもあるので，注意が必要です。

日程別の受験申込スケジュールの目安

	A日程	B日程	C日程	特別区
受験案内配布開始	4月下旬頃	5月中旬頃	7月中旬頃	3月上旬頃
申込受付期間	5月上旬～ 6月上旬	5月下旬～ 6月下旬	7月中旬～ 9月上旬	4月上旬
一次試験日	6月下旬	7月中旬	9月下旬	5月上旬

□申込用紙の記入や準備

受験案内に記入のしかたが書かれているので，それを見て漏れなく必要事項を記入します。インターネットでダウンロードする場合には，申込用紙だけでなく受験案内もダウンロードして，プリントアウトしたものを確認したほうがミスが防げます。

受験申込みの時点では顔写真が不要であっても，一次試験の当日は受験票に顔写真を貼っていなければ受験できません。試験直前になると学習の追い込みなどで慌ただしくなります。申込の段階までには顔写真を用意しておくべきです。

また，なかには**申込用紙に「志望動機」を書かせたり，エントリーシートの提出を求める自治体もある**ので，志望先の市町村でどんな仕事がしたいかということは，事前に考えておきたいものです。

□申込用紙の提出

ほかの公務員試験では郵送申込が一般的ですが，市町村試験では，**申込用紙を受験する市町村の役所の窓口に直接持参しなければいけないところもあります**。市役所上級試験の場合，令和4年度ではおよそ20市が直接持参方式をとっています。なお，**申込時に面接を行う自治体もある**ので要注意です。

また，申込用紙を郵送する場合は，必ず簡易書留郵便・特定記録郵便にします。郵便局の営業時間に間に合わなければなりません。また，封筒の表に受験を希望する試験名を赤字で書くことも忘れないようにしましょう。

□インターネットでの受験申込み

インターネットで受験申込みができる市町村も多いです。市役所上級試験の場合，令和4年度ではおよそ250市でインターネットでの申込みが可能となっています。なかには，**ネットでの申込みのみ受け付けるという市町村もある**ので注意しましょう。

ただ，ネットでの申込みでは，パソコンやネットワーク上のトラブルがあったり，早く締め切られてしまう場合も多いので，早めの対応が肝心です。

試験の中身はどういうものなの？

教養試験・専門試験・論文試験（作文試験）・適性試験・適性検査・面接試験などが課されます

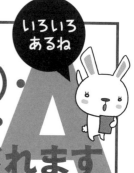

□試験種目は市町村ごとに違う！

市町村の職員採用試験（事務系）では，「教養試験」「専門試験」「論文試験（作文試験）」「適性試験」「適性検査（性格検査）」「面接試験（人物試験）」といったさまざまな試験が行われます。

このうち，まず**重要なのは教養試験と専門試験**です。これらは一次試験の際に行われ，ここで成績上位に入らなければ二次試験には進めませんし，なんの対策もせずにスラスラ答えられるような試験内容ではないからです。

教養試験・専門試験についてはPARTⅡで詳しく説明しますので，まずは一般的な試験種目をひととおり紹介しておきます。なお，課される試験種目は市町村ごとに異なっていますので，自分が志望している市町村がどういう状況なのかは，事前に確認しておいてくださいね。

□教養試験

- ５つの選択肢から１つを選ぶ形式（五肢択一式）で行われます。
- **ほぼすべての市町村で実施されます。**
- 一次試験で実施されます。
- **一定以上の得点がないと二次試験に進めません。**
- 試験時間120分，解答数40問という形が一般的です（Standardタイプ・Logicalタイプ）。

・なお，民間企業の採用試験で使われているSPIやSCOAなどを課すところもあります。SPIやSCOAは，テストの形式によって試験時間・解答数が違いますが，ペーパーテストの場合，SPIは試験時間70分，解答数70問，SCOAは試験時間60分，解答数120問というのが一般的です。詳しくは姉妹編の『公務員試験で出るSPI・SCOA早わかり問題集』をご覧ください。

Standardタイプ
Logicalタイプ
Lightタイプについては33ページを見てね

・また，一部では四肢択一式の比較的取り組みやすい試験も行われており，Lightタイプは試験時間75分，解答数60問，社会人基礎試験は試験時間90分，解答数75問となっています。なお，Lightタイプ試験と社会人基礎試験は2024年３月末で廃止され，2024年４月からは新たな職務基礎力試験（試験時間60分，解答数60問）が開始される予定です。

教養試験の問題例

A～Eの５人は，それぞれ野球，サッカー，テニス，卓球のうちの１つを趣味としている。以下のア～オがわかっているとき，正しくいえるものはどれか。

ア　Aと同じ趣味の者はいない。
イ　B，C，Dは全員趣味とする競技が異なっている。
ウ　C，D，Eは全員趣味とする競技が異なっている。
エ　BもCもサッカーは趣味としていない。
オ　Dの趣味は野球かテニスである。
カ　Eの趣味は野球かサッカーである。

1　Aは卓球が趣味である。
2　Bはテニスが趣味である。
3　Cは卓球が趣味である。
4　Dは野球が趣味である。
5　Eはサッカーが趣味である。

□専門試験

・五肢択一式で行われます。一部の市町村では記述式も課されています。
・**３割程度の市町村で実施されています。**
・一部の市町村では，専門試験を課す試験区分のほかに専門試験のない試験区分を設けている場合もありますが，専門試験がない場合は競争率が高くなります。
・一次試験で実施されます。

・一定以上の得点がないと二次試験に進めません。
・試験時間120分，解答数40問という形が一般的ですが，10分野50問から40問または30問を選択解答するタイプも見られます。

専門試験の問題例

国家賠償法第２条に関する次の記述のうち，妥当なものはどれか。

1 公の営造物の中には不動産である道路や河川は含まれるが，動産は含まれない。

2 公の営造物の設置または管理の瑕疵とは，公の営造物が通常有すべき安全性を欠いていることをいい，これによる国または地方公共団体の賠償責任は無過失である。

3 河川の管理は，道路等の管理とは異なり，瑕疵があると多くの人に甚大な被害をもたらすことになるので，財政的制約が免責事由になることはない。

4 公の営造物の管理者と費用負担者が異なる場合には，前者が損害賠償責任を負い，後者が損害賠償責任を負うことはない。

5 損害賠償を請求することができるのは公の営造物の利用者に限られ，空港の騒音に対して周辺住民が損害賠償請求することはできない。

□論文試験（作文試験）

・社会問題などの一般的な課題について論述するものです。
・ほとんどの市町村で実施されています。
・二次試験で実施されることが多いです。
・一次試験で実施しても採点は二次試験扱いのことが多く，教養・専門試験の得点で二次試験に進めなければ読まれることはありません。
・試験時間50～120分，字数は800～1200字程度という形が一般的です。

論文・作文試験の出題例

・今，市役所職員に求められていること
・○○市のまちづくりについて
・今の○○市に足りないもの
・地域性と定住対策について
・公共心について思うこと
・行政改革と住民サービス
・私がめざす公務員像
・私が考える「地方創生」
・私のマニフェスト
・10年後の私
・失敗から学んだこと
・最近感動したこと

□ 適性試験（事務適性試験）

『初級スーパー
過去問ゼミ適性試験』
などを使ってトレーニング
しておこう！

・どの程度の事務適性があるかを判定するためのスピードテストです。
・**3割程度の市町村で実施されています。**
・一次試験で実施されることが多いです。
・**問題自体は簡単なものですが，限られた時間内に正確に処理することが求められます。**
・試験時間は10分，問題数は100題という形が一般的です。

適性試験の問題例

与えられた3つの図形の■のマス目が1つの場合はその位置に対応する手引の数に，2つ以上ある場合はそれぞれの位置に対応する手引の数を合計した数に置き換えて計算し，その結果を答えよ。答えは1～5以外にはならない。

〈手引〉

4	7	3
8	2	9
5	6	1

〔No. 1〕
〔No. 2〕

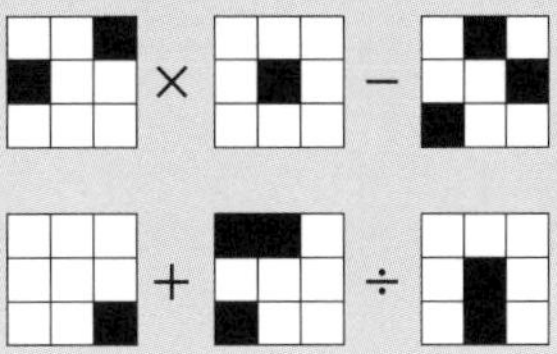

□ 適性検査（性格検査）

・内容はいわゆる性格検査です。
・半数程度の市町村で実施されています。
・クレペリン検査（1ケタの数字を足していくもの）やYG式性格検査（質問項目に「はい」「いいえ」「わからない」で答えていくもの）が一般的です。
・対策は特に必要ありません。
・市町村によっては**「適性試験」と「適性検査」の名称が混同されていることがあるので，**注意が必要です。

□面接試験（人物試験）

・受験者が１人で臨む「**個別面接**」のほか，受験者数人で一緒に面接を行う「**集団面接**」や，受験者数人でディスカッションを行う「**集団討論**」を実施している市町村もあります。また，数は少ないですが「プレゼンテーション」という形式の面接を行うところもあります。

・実際に試験会場に行って面接が行われるのが一般的ですが，ウェブ面接（オンライン面接）が行われる場合もあります。なかにはAI（人工知能）による面接を行っているところもあります。

・個別面接はほとんどの市町村で実施されています。

・**ほとんどの市町村では二次試験や三次試験で実施されますが，なかには受験申込時に簡単な面談を行うところもあります。**

・**最終的に合格するためにはこの面接試験がカギになります。**教養試験や専門試験を最優先しつつも，面接のことも念頭に置いて自己分析や自治体研究なども進めておきたいところです。

一次試験に
合格しないと，面接には
進めませんよ！

□その他の種目

少数ですが，一般教養分野に関して，独自の記述式の試験を課す市町村もあります。内容はさまざまで，漢字の読み書きに始まり，用語・語句・人名・英単語などの記入，ことわざの意味・用語などの100字程度の意味説明，自己PRなどの1000字程度の文章のまとめなどです。

また，なかには受験者に自己PRを撮影した動画を事前に提出させて動画による選考を行ってるところもあります。

筆記試験・面接試験とは別に，身体検査・健康診断，体力検査・体力測定・スポーツテストなどを行う市町村もあります。しかし，よほどの問題がない限り，その結果で不合格になることはありません。

新教養試験について

平成29年度まで

教養1 大学卒
教養2 大学・短大・高専卒
教養3 高校卒
教養4 高校卒

→ リニューアル →

平成30年度以降 （カッコ内は難易度）

新教養試験		
Standard 標準タイプ	Ⅰ（教養1と同程度）	
	Ⅱ（教養2・3と同程度）	
Logical 知能重視タイプ	Ⅰ（教養1より易しい）	
	Ⅱ（教養2・3と同程度）	
Light 基礎力タイプ	（最も易しい）	

教養試験は，新しい試験内容にリニューアルされました。それぞれの試験の特徴を詳しく見ていきましょう。

Standard（標準タイプ）

Standardタイプは，五肢択一式，知識分野20問・知能分野20問の計40問，解答時間120分となっていて，従来の教養試験に近い構成になっています。

ただ，これまでと比べて時事が重視され社会的に幅広い分野の題材から出題されるようになっており，また，古文，哲学，文学・芸術等，国語（漢字・ことわざ等）が出題されないなどの変更点があります。

Logical（知能重視タイプ）

Logicalタイプは，五肢択一式，知識分野13問・知能分野27問の計40問，解答時間120分という，論理的思考力等の知能を重視する科目構成になっています。

従来よりも知能問題が増えた代わりに自然科学からの出題がなくなっていて，こちらもStandardタイプと同様に時事が重視され，古文，哲学，文学・芸術等と国語からの出題はありません。

Light（基礎力タイプ）

Lightタイプは，四肢択一式，社会への関心と理解24問・言語的な能力18問・論理的な思考力18問の計60問，解答時間75分というコンパクトで難度も易しめの基礎力タイプの試験内容です。

なお，Lightタイプ試験は2024年3月末で廃止され，2024年4月からは新たな職務基礎力試験（出題数60問，解答時間60分）が開始される予定です。

また，専門試験では，40問必須解答の従来型に加えて，10分野（1分野5問）から任意の6分野（30問・90分）または8分野（40問・120分）を選択解答する新たなタイプも登場しています。受験案内等をよく見て，自分が受ける試験がどれに該当するのか，しっかり確認しておきましょう。

だいたい何点取れれば合格できるの？

おおよそ6～7割得点できればだいじょうぶでしょう

□ 6～7割得点できれば一次試験はほぼ合格できる

択一式の教養試験と専門試験で何点取れば合格できるかということは，受験者の多くが気になるところでしょう。でも，確固とした合格最低点（合格に必要な一番低い点）というものは存在しません。試験問題そのもののレベルや受験者全体のレベル，募集人数・受験者数などが毎年変わるので，合格最低点も毎年上下動しているからです。

とはいえ，それではサッパリわかりませんよね……。はっきりしたことはいえませんが，受験した先輩たちの自己採点をもとに類推すると，教養試験・専門試験とも満点の6～7割得点できれば，一次試験はほぼ合格できるというのが一つの目安になっています。

□「基準点」には要注意！

6～7割得点できればいいといっても，「教養試験で頑張って9割取れば，苦手な専門試験は3割でいい！」というわけではありません。

各試験種目には「基準点」があって，どれか一つでもその**「基準点」**を満たさないと，**ほかの試験でどんなに高得点を取っても不合格**となってしまうのです。

基準点は，満点の３～４割程度とするところが多く，教養試験・専門試験（択一式）だけでなく，論文試験にも設けられています。

□配点は，面接重視の傾向が

市町村の職員採用試験では複数の試験種目が課されているわけですが，その配点はどうなっているでしょう。**教養試験の配点を１とすると，専門試験（択一式）が１～２程度，論文試験が0.5～１程度**というのが一般的です。

最近では**面接の重要性が高まっています**。教養試験の配点を１としたときに従来は１～２程度だったものを，３～６程度にまでウエートを高める市町村が増えてきています。

面接試験については，『現職人事が書いた「面接試験・官庁訪問」の本』『現職採点官が教える！合格面接術』が詳しいよ

面接試験は，何も対策せずにその場に臨んでしまうと，言いたいことも言えずに終わってしまうことが多いです。「聞かれたことに答えればいいんでしょ？」などと甘く考えずに，しっかりと対策を練っておく必要があります。

□筆記で上位に入ると有利？

当然高い点数を取るに越したことはありません。しかしながら，実際の配点は面接のウエートが高い市町村が多いので，**いくら教養試験・専門試験などの筆記試験の点数がよくても，面接で逆転されてしまう可能性はあります**。

また，一次試験の筆記の点数は一次合格の判断材料にしか使わず，二次試験受験者はまた同じスタートラインから競わせる市町村も増えています。

だからといって筆記試験対策の必要がないわけではありません。まずは一次試験に合格しなくては，なんにもならないわけですから。

Memo

最終合格＝採用ではない？

公務員試験では，採用内定までの流れは「最終合格→採用候補者名簿に載る→採用面接→採用内定」となっていて，「最終合格＝採用」ではありません。最終合格者は採用候補者として名簿に載るものの，採用が100％保証されるわけではないということです。

ただし市町村の採用試験の場合，これは建前。よほどのことがない限り，最終合格すれば内定は出ます。

Q みんなどうやって勉強してるの？

A 書籍で独学，通信講座，予備校・大学の講座やセミナーなど。それぞれの長所と短所を見極めて！

□学習ツールを考える

具体的に教養試験・専門試験の学習を進めていくとして，どういう方法を取ればいいのかは，悩ましいところでしょう。

学習のツールとしては，大きく分けると，書籍を使った独学，通信講座，予備校・大学の講座やセミナーなどがあります。

合格者はこのうちのどれか一つに絞る！というやり方ではなく，**これらをミックスしてうまく使いこなしている人が多いようです**。たとえば，独学を基本にしつつも苦手な科目は大学セミナーを利用したりとか，通信講座や予備校を軸にして不足しているところを市販の書籍で補ったりしているようです。

それでは，学習ツールごとに長所と短所を確認しておきましょう。

□書籍で独学……安くつくが疑問があっても自己解決が基本

市販の書籍を使いながら，独自に勉強していく方法です。公務員試験用の問題集や基本書は数多く刊行されているので，自分のスタイルに合ったものを選んで，都合のいい時間に自分のペースで学習を進められます。また，**費用的に見ても最も安く済む**というのが利点でしょう。

難点なのは「**すべて自分でやらなくてはいけない**」とい

うことです。独学だと，学習の途中で疑問に思うことがあっても，だれにも頼れません。また，市販の書籍では，刊行時期によっては情報が古くなっている場合があります。法改正などの最新情報についても自分で調べなくてはなりませんから，とにかく手間も労力もかかります。

□通信講座……必要なものがまとまっていて使いやすいが途中で挫折しがち

公務員試験対策に必要な教材がまとめて手に入るので，**何から手を着けたらいいのかわからない人にとっては便利です**。自分の都合のいい時間に自分のペースで進めていけるうえに，疑問に思うことが出てきた場合でも質問回答のシステムを利用できますし，法改正や制度改正などの最新情報についてもフォローしてくれるので安心できます。**独学より確実で予備校などに通うよりは手軽**で，費用的にも５～８万円程度と，独学と予備校の中間的な位置づけになります。

通信講座の難点は，ある程度はその講座の勉強法に合わせないといけない点です。自分の好みに合うか合わないかに関係なく大量の教材が届くので，途中で挫折してしまう人も少なくありません。ムダにしないためには，毎月の達成目標をきちんと定めて**計画的にコツコツこなしていく忍耐力が必要**でしょう。

□予備校・大学の講座やセミナー……任せておけば安心できるがその分高くつく

独学や通信講座ではだらけてしまうような人でも，とにかく**学校に行きさえすれば否応なく勉強することになる**というメリットは大きいでしょう。また，学習中の疑問にも講師がすぐに答えてくれますし，法改正や制度改正などの最新情報についてもしっかりとフォローしてくれます。一人で孤独に勉強するのが苦手な人にとっては，一緒に学び合う仲間が作れるというメリットもあるでしょう。

問題となるのは費用が高くつく点です。**予備校の受講料は単発の講座でも数万円はしますし，半年間程度通う場合になると数十万円という額になるのが普通です**。また，担当している講師の質に左右されるところも大きいので，何から何までゆだねてしまうと危険ということもあります。

大学の就職課（キャリアセンター）や生協などが主催する講座は，外部の予備校よりは費用が安いことが多いようです。自分が通う大学でそうした講座が開講されているなら，活用してみるのも一手です。

勉強のコツは？みんなどのくらい勉強してるの？

満点をめざさず，勉強するテーマを絞りましょう！学習期間は６か月くらいは必要です！

□細かいところは気にしない！

教養試験・専門試験（択一式）ではだいたい６～７割できればいい……ということは，**３～４割は間違ってもいいということでもあるわけです。**

満点をめざしても，苦労の割には報われません。というか，満点を取るのは無理！とあきらめましょう。それよりもすべての試験種目でまんべんなく６～７割得点できるように，苦手をなくすことをめざしてください。

また，択一式の問題は，「正答が１つに絞れればいいだけ」です。**たとえすべてを知らなくても，一部分を知っているだけで間違いの選択肢だとわかることも多いですし，**消去法を使えば正答が導けることも多いのです。

あまり細かいところにこだわると学習が進まないので，「誤りの選択肢を見抜けるだけの知識があればいいんだ」「完璧にマスターしなくてもいいんだ」という意識で学習に臨んでください。

□よく出ているところに絞って！

教養試験と専門試験は，出題範囲が非常に広い割には１科目当たりの出題数は少なく，科目によっては毎年出題されないものもあります。ですから，**効率**

よく学習する方法を考えないと，絶対に追いつきません。

詳しくはPARTⅡでお話ししますが，まずはどの科目が何問くらい出ているのか，どういう問題が出ているのか，よく出題されるテーマはなんなのかというところを把握するところから始めましょう。そして，定評のある本や教材を選んで，**重要な科目にウエートを置き，頻出テーマを中心に学習していきましょう**。それが効率よく点数が取れるようになるコツです。

□ 6か月は学習しないと……

「どのくらい勉強すれば受かるの？」「みんなどのくらい勉強してるの？」というところも気になるとは思いますが，個人個人で基礎学力に差があるので，なんともいえないところです。

これまでの合格者の声を聞くと，教養試験と専門試験が両方課されている自治体を受験した方の場合，**学習期間が6～7か月という層が最も多く，1週間の学習時間は20～30時間**という層が最も多くなっています。

1週間に30時間というと，週に1日休息日を設けるとすると，残りの6日間は毎日5時間勉強しないといけないことになります。1日にそんなに学習時間を取れない！という人は，なるべく早い時期から学習に取り組むようにしてください。逆にいえば「1日10時間勉強するぜ！」というなら学習期間が3か月でもなんとかなる！ということにもなりますが……無理してからだを壊さないでくださいね。

1週間の学習時間

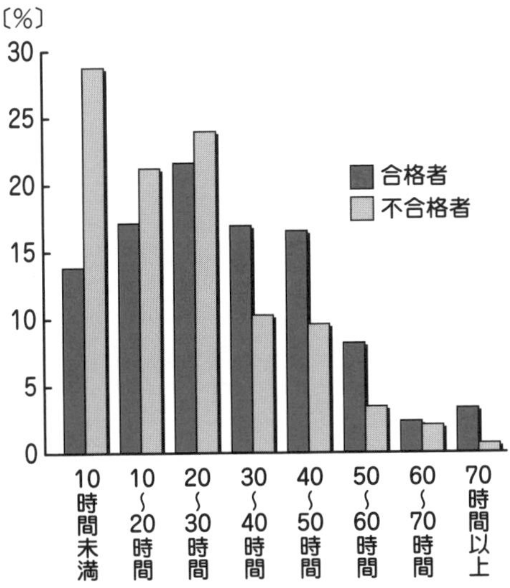

合格者の学習期間

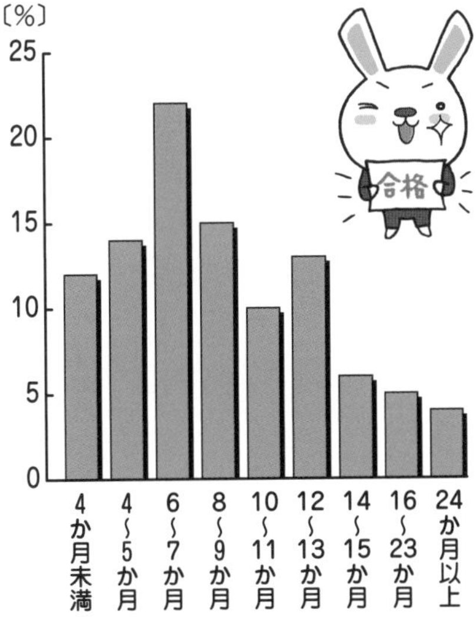

もっと知りたい！市役所試験のこと

おおまかに市役所・区役所・町村役場のこと，市町村職員の採用試験のことについて説明してきましたが，まだまだ知りたいこと，疑問に思うことは多いと思います。

それでは，これまで書き切れなかったところについて，簡単にご説明しましょう！

Q 地元以外の市町村を受けるのは不利？

A 「だからこの市町村の職員になりたいんだ！」という熱意が伝わればOK！

面接では「なぜこの市町村を志望するのか」ということは必ず聞かれます。そのときに面接官が納得するような理由を言えるかどうかにかかっています。

たとえ地元の市町村を受ける場合でも「地元だから受けた」という理由だけだと，面接官に「単に楽したいから受けただけなんじゃないか？」「何も考えずに受けてるんじゃないか？」「仕事をする気があるのか？」と思われてしまうかもしれません。

地元の市町村かどうかというのはあまり重要ではなく，どうしてその地域を知って，どこに魅力を感じ，今後どういう仕事をして地域に貢献していきたいかということが重要なのです。「だからこの市町村の職員になりたいんだ！」という必然性と熱意が伝わればOKです！

採用試験を受けるのにお金はかかるの？

A 基本的には「無料」です

公務員試験は，無料で受けられます（一部に受験料を徴収する自治体がありますが，例外的なものです）。

基本的に受験申込書の郵送費と返信用の切手代と証明写真代，試験会場に行くための交通費がかかる程度ですので，併願できるものについては積極的に申し込んでおいたほうがいいと思いますよ。

出身学部によって有利・不利はあるの？

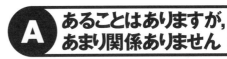

A あることはありますが，あまり関係ありません

公務員試験の専門試験では法律科目のウエートが高いので，法学部出身者が有利だと思われるかもしれませんが，そうとも言い切れません。

確かに法学部出身者は法律の問題に関してはなじみがあるので学習しやすいともいえますが，経済についてはイチから学習を始めなければいけません。また，法学部出身者でもあまり勉強をしていなければ行政法や民法などは苦手なことも多いです。

判断推理・数的推理など公務員試験独特の科目については，だれにとっても初めて学ぶことになりますが，どちらかといえば理工系学部出身者が得点源にしやすい科目といえます。

また，筆記が教養試験のみの自治体があったり，英語資格を加点する自治体があったりもしますので，学部による有利・不利というよりは，個人個人の意識で差が出てくるのです。

Q 高卒でも大卒程度の試験に受かってる人は実際にいるの?

A いますト採用されるかどうかはあなたの努力次第です!

公務員試験は学歴制限のない区分であれば採用においての差別はありませんので，筆記試験の合格点に達するだけの実力とやる気があれば，高卒の方でも中卒の方でも大卒程度の試験に合格することは可能ですし，実際に合格している方もいます。その後の昇進についても，学歴によって差別されることはありません。すべてはあなたの実力と努力次第ということです！

Q 初級の試験はどんな感じなの?

A 試験問題が少しやさしい以外は上級とあまり変わりません

本書は，主に上級試験のことを説明していますが，初級試験も実はそんなには変わりません。違いは試験のレベルが高校卒業程度となるので，事務系では専門試験が課されず，教養試験も基礎知識が中心となるくらいのものです。

「試験問題が簡単っていうなら初級試験にしようかな！」と考える人もいるかもしれませんが，注意すべきなのは，年齢と学歴制限です。

初級試験の受験可能な年齢は18歳から22歳くらいまでとなっているところが多く，なかには大学・大学院卒業者を受験不可とするところもあります。

なお，初級試験を実施する自治体は上級ほど多くはありません。自分の希望する自治体の状況は，事前に調べておくようにしましょう。

初級公務員試験に興味のある方は，姉妹編の『高校卒で受けられる公務員試験早わかりブック』をご覧ください。

Q 試験にはスーツを着ていくべき？

A 筆記試験は私服でもいいですが，面接はスーツで！

筆記試験は，夏の暑い時期に行われます。会場によっては冷房がない場合もあるので（逆に冷房が強すぎることもあります），とにかく実力を発揮できることが最優先。筆記試験の会場にスーツを着ていく必要はありませんが，ジャージ姿やあまりに露出の多い服装など，常識を疑われる格好は好ましくありません。

ただし，面接試験はスーツ（いわゆるリクルートスーツ）を着て受けてくださいね。自治体によっては一次試験から面接を課すところもありますので，注意してください。

「選択枝」っていうのは間違いじゃないの？ Q

A 公務員試験独特の専門用語だったのです

公務員試験は，問題の趣旨に合致するものを5つの中から1つ選ぶ形式が多いのですが，この5つあるものを「選択枝」と呼ぶことがあります。一般的には「選択肢」を使うのが普通なので，混乱しますね。

なぜ「枝」かというと，公務員試験の総元締である人事院が「多枝選択式」という語を使っていたからです。人事院の説明によると，「試験導入当初『肢』が当用漢字になかったこと，身体用語を避けたいということ，英語で設問部分をさす『幹（stem）』に対し選択肢は『枝（branch）』に当たること」などが理由です。

しかし，平成24年度から人事院規則の条文が「多肢選択式」になったのをきっかけに，だんだん「選択枝」という表記は減ってきてはいます。

どちらも間違いではないので，「選択枝」という表記を見つけても「間違っている！」「誤植だ！」と思わないでくださいね。

Q 給料っていくらくらいもらえるの？

A 1年目の基本給は上級事務職で17〜19万円です

給与は自治体や地域ごとに違っていますし，人によっても年齢・学歴・職歴・資格の有無などで違ってきますが，事務系職員のおおまかな初任給は，初級で13〜15万円程度，中級で15〜17万円程度，上級で17〜19万円程度というのが一般的です（資格・免許職や消防職ではこれよりも若干高くなっています）。このほかに，住居手当，扶養手当，時間外勤務・超過勤務手当（いわゆる残業代），通勤手当，地域手当（民間賃金の高い地域に勤務する場合に支給）などが，必要に応じて支給されます。

参考までに，大学を卒業後すぐに首都圏の市役所の上級事務職として採用された人（賃貸住宅に住んでいて，扶養家族がおらず，残業や特殊勤務をほとんどしない場合）を例にすると，諸手当を含んだ額面上の給与は，月額で22万円程度になります。これに期末・勤勉手当（いわゆるボーナス）などを入れると，初年度の年収は350万円ほどになるでしょう。

公務員の給与は民間企業の給料に準拠して決められていますので，一流の大企業よりは低いかもしれませんが，中小企業などと比べると高水準で安定しているといえるでしょう。

自分の受けたい市町村の情報はどうやって手に入れたらいい？

A 公務員試験情報誌や市町村のウェブサイトを見るのが第一歩です

ここまでのガイドでは，スムーズな理解のために各市町村の詳細については省いていますし，例外的な事柄については述べていません。市町村職員の採用試験は，自治体によって大きく違っていますので，事前に志望する市町村の情報を得ておく必要があります。

小社で刊行している，公務員試験情報誌『受験ジャーナル』には，市役所試験の情報も数多く掲載されているので，ぜひチェックしてみてください。また，『市役所上・中級 教養・専門試験過去問500』には，過去に全国の市役所で出題された問題が500問収録されており，『大卒程度警察官・消防官スーパー過去問ゼミシリーズ』にも市役所の過去問が多数収録されていますので，そちらも参考にしてください（特別区については『東京都・特別区Ⅰ類　教養・専門試験過去問500』があります）。

市町村のウェブサイトは，インターネット上で検索してしまうのが一番早いでしょう。市町村のサイトのおそらくトップページに「職員採用試験」や「職員の採用について」などといった項目があるので，そこからさまざまな情報が得られると思います。また，市町村から定期的に発行されている「○○市報」「○○市だより」などの広報紙にも目を通してみましょう。採用の情報も載っていますし，市町村が力を入れているプロジェクトなどについて知ることもできるので，面接試験の際にも役立ちます。

PART Ⅱ

どんなところが出る？

教養・専門試験の攻略法

ここでは，公務員試験で最大の難関となる
筆記試験について紹介します。
筆記試験（教養試験・専門試験）で出題される各科目について，
どんな科目か，出題の形式，出題される範囲，
学習の重点を置くべきテーマ，学習法のポイントを解説します。
やみくもに学習に突き進む前に必見です。

教養試験・専門試験ってどんな科目が出るの？

教養試験は中学・高校で学ぶような科目，専門試験は大学で学ぶような科目が出ます

□ 教養試験の出題科目

教養試験の出題科目は，受験案内に
「社会，人文及び自然に関する一般知識並びに文章理解，判断推理，数的推理及び資料解釈に関する一般知能」
「一般的な知識及び知能について」
などと表記されることが多いです。

でもこれだけではわかりづらいですよね。そこで教養試験の科目構成を図にしてみました。下の図を見てみてください。

まず，教養試験は，一般知能分野と一般知識分野の２つに大きく分かれます。

教養試験の出題科目

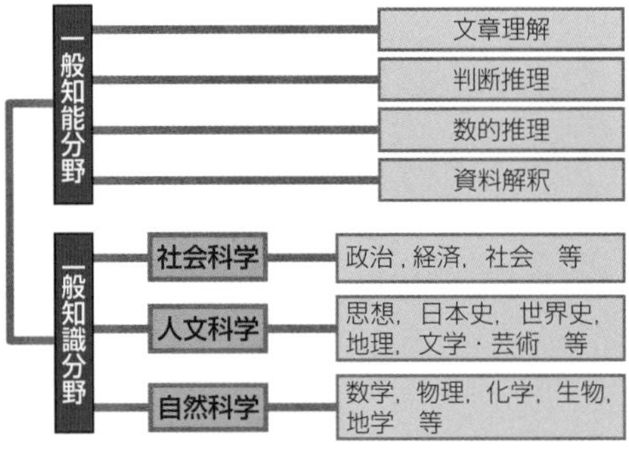

一般知識分野は中学・高校までの教科に準じた科目になっているのでわかりやすいと思いますが，**一般知能分野は公務員試験独特のもの**で，科目名も初めて見るものばかりだと思います。

一般知能の科目をちょっとだけ説明しますと，**文章理解**は現代文・英文などの読解力を試すもので，**判断推理・数的推理**は数学的なパズルに似たもの，**資料解釈**は表やグラフを用いた資料の読取り問題となっています。

なお，教養試験は事務系と技術系で同じ問題が出題されます。

□専門試験の出題科目

専門試験（択一式）は大学の専門課程レベルの内容で，**試験区分に関連した科目から出題されています。**

事務系の試験区分での専門試験の科目構成を図にしたのが，以下の図です。

事務系の専門試験は，**行政系科目，法律系科目，経済系科目，商学系科目，その他**に分かれます。出題科目については受験案内に明記されるので，教養試験のような不透明感はありません。

多少わかりにくいのは「**経済学**」という科目です。これは経済原論（経済理論とも呼びます）のほかに経済史，経済事情，経済政策などが合わせて出題される場合の科目名です。また，**経済原論**は範囲が広いので，問題集などでは「**ミクロ経済学**」「**マクロ経済学**」と２つに分かれている場合があります。覚えておいてください。

専門試験の出題科目（事務系）

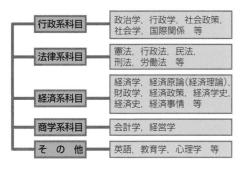

行政系科目	政治学，行政学，社会政策，社会学，国際関係　等
法律系科目	憲法，行政法，民法，刑法，労働法　等
経済系科目	経済学，経済原論（経済理論），財政学，経済政策，経済学史，経済史，経済事情　等
商学系科目	会計学，経営学
そ　の　他	英語，教育学，心理学　等

「A日程」とか「B日程」とかって何のこと？

市役所上級試験は３つのグループに分けられ，それぞれ試験日と問題が違っています

□ ３つのグループとは？

市役所上級試験は，基本的に各市役所がそれぞれに行っているものなのですが，市役所ごとに何もかもすべて違っているわけではありません。特に一次試験については試験の実施日をそろえて，同じ問題を使っているところが多くなっています。

実務教育出版では，市役所上級試験を各市役所の一次試験日，試験構成，問題内容などから，以下の３つのグループに分けています。

●A日程（６月下旬実施）

県庁所在市などの比較的大きな市がこの日程で実施しています。

一次試験日は，令和３年度が６月20日，令和４年度が６月19日，令和５年度が６月18日でした。

出題数は教養試験・専門試験ともに40問で，専門試験の大半は地方上級試験の全国型と同一の問題になっています（一次試験実施日は，地方上級全国型の実施日と同日です）。

●B日程（７月中旬実施）

市役所試験の日程の早期化傾向に伴ってできたもので，全国的に広く共通の出題が見られます。

一次試験日は，令和３年度が７月11日，令和４年度が７月10日，令和５年度が７月９日でした。
出題数は教養試験・専門試験ともに40問というのが一般的です。

●C日程（９月下旬実施）

全国的に最も多くの市がこの日程で採用試験を実施しており，Ｂ日程と同様，全国的に広く共通の出題が見られます。
一次試験日は，令和３年度が９月19日，令和４年度が９月18日，令和５年度が９月17日でした。
出題数は教養試験・専門試験ともに40問というのが一般的です。

□志望する市町村はどの日程？

これ以外の日程の
試験もあるけど，
本書で十分対応できるよ！

基本的には一次試験日が各日程と同じであれば，そのグループに該当するものと考えてください。多少独自の問題を入れていたりなど変型した出題になっていることもありますが，共通の問題が多く使われている可能性は高いです。
なお，市町村によっては昨年はＢ日程だったのに今年はＣ日程……などと**同じ市町村であっても年によって試験日程が違うこともあります**。また，まれに臨時募集をすることもあるので，日程については事前に確認しておく必要があります。

Memo

町村の採用試験について

一部の町村職員採用試験においても，市役所のＢ日程・Ｃ日程と同じ問題が出題されていることが確認されています。ですから，一次試験日が上記の各日程と同じであれば，そのグループに該当する可能性は高いと思っていいでしょう。

□各日程の出題傾向の比較

Ａ日程は，地方上級試験と共通の問題もあるので少々難易度が高くなる傾向があります。それに対して**Ｂ日程・Ｃ日程の問題は，基礎的な知識がストレートに問われるようなものが多い**という傾向が見られます。
ただし，学習の開始時点では，日程ごとの違いはそれほど気にする必要はありません。併願するほかの公務員試験のことも考えて，出題されている主要科目を中心に学習すべきですし，頻出・定番の問題を解けるようにすべきだからです。
本書PARTⅢの過去問は，全国的に広く出題される科目の問題を掲載しています。

教養試験ではどこが大事なの？

カギを握るのは判断推理と数的推理です！

□各科目の出題数

各科目の出題数は年によって多少変動しますが，おおむね53ページの表のとおりです。

一般知能分野と一般知識分野がだいたい半分ずつの出題となっています(Standardタイプ)。これは，地方上級などの試験でも同じです。なお，Ａ日程・Ｂ日程など日程の違いによる特徴はそれほど顕著ではありません。

□合格ライン達成のために

一般知能分野は，公務員試験に特有の科目ということもあって慣れないうちは苦しみますが，学習が進むにつれて得点源になってくれるので，**一般知能分野の対策を中心に据えるとよいでしょう。**

判断推理・数的推理では８割以上正答できるようにしたいところです。この２科目は学習を積めばだれでも正答率を上げられますし，短時間で解答できるようにもなります。教養試験では，本番の試験でも時間が足りなくなるのが普通ですから，解答時間を短縮できるこの２科目は最重要です。

文章理解も出題数が多いので得意科目にできるとよいのですが，苦手な人が得意になるには時間のかかる科目なので，じっくり問題演習を重ねていくしかないでしょう。それでも現代文は２～３問正答したいところです。

資料解釈は出題数も多くないので優先度は低くなります。

一般知識分野については，高校で履修していた科目で得点することをねらいます。文系出身者なら人文科学（日本史，世界史など），理系出身者なら自然科学（数学，物理など）で得点を稼ぐことが多いようです。また，事務系志望の場合は，**社会科学（政治，経済など）が専門試験の内容と重複するので，得点源にすべきです。3分野のうち2分野で8割の正答率をめざします。**

以上のように得点を稼げれば，だいたい60～65％の正答率に達します。もちろん人によって得意・不得意があるので，自分に合った得点計画でよいのですが，**判断推理と数的推理を得点源にするという基本は守ったほうがよいでしょう。**

教養試験の科目別出題数

科目	A日程	B日程	C日程	特別区
政治	2	2	2	3
経済	2	2	1	1
社会	5	5	5	4
日本史	2	1	2	1
世界史	1	2	2	1
地理	2	2	2	1
文学・芸術，思想	—	—	—	1
数学	1	1	1	—
物理	1	1	1	2
化学	1	1	1	2
生物	2	2	2	2
地学	1	1	1	2
文章理解	6	6	6	9
判断推理	8	8	8	9
数的推理	4	4	4	6
資料解釈	2	2	2	4
合計	40	40	40	40/48

※「社会」には「社会事情」「時事」を含む
※「判断推理」には「空間把握」を含む
※A・B・C日程はStandard-Ⅰタイプのもの

□各科目の傾向と対策について

次ページから，教養試験の各科目について，問題の形式，出題される内容，学習のポイントなどをまとめています。

過去に出題された問題の内容については「過去10年間の出題テーマ」として一覧表にまとめました。

①取り上げる試験は，A日程（Standard-Ⅰ），B日程（Standard-Ⅰ），C日程（Standard-Ⅰ），特別区Ⅰ類です。それぞれを右のように記号で表します。

②記号1つについて1問の出題があったことを示しますが，1つの問題で複数のテーマにまたがっている内容の場合は，複数の該当箇所に記号を配置しています。

なお，年度・試験によっては情報が十分になく，どのような内容だったか判明していない問題もあります。

試験名と記号の凡例

試験	記号
A日程	Ⓐ
B日程	Ⓑ
C日程	Ⓒ
特別区	[区]

政治 傾向と対策

出題数		
A日程	B・C日程	特別区
2問	2問	3問

PART Ⅲ問題
教養試験 No.1～2

高校で学習する内容がベース 専門科目との重複も多い

どんな問題が出るの?

基本的には高校の「政治・経済」の政治分野の問題が出ます。

憲法については，高校までに習った内容よりも細かい知識が問われますが，聞き慣れた用語や概念が多いためそれほど心配する必要はありません。

なお，新しい法律や法改正など時事的な問題が出題されることがありますが，これらについては59ページの「社会」の出題テーマ表にまとめています。

出題テーマの傾向は?

基本的人権など憲法に関する出題割合が高くなっています。また，憲法では，国会や内閣からの出題も目立ちます。

国際政治の分野は，時事的な問題を含めて注意が必要です。

なお，法学・法律の基礎についての出題は**特別区**のみで見られるもので，市役所試験ではあまり出題されていません。

学習のポイント

A日程は比較的難しい問題が多いです。これに対し，**B日程**と**C日程**では比較的易しい似たレベルの問題が多くなっています。

憲法においては，基本的人権の分野や，判例，国会・内閣・裁判所といった統治機構の分野では条文の知識が重要です。頻繁に出題される知識は限られていますので，専門科目の憲法の易しめの問題も含めて，過去問を使って頻出の知識を押さえるようにしましょう。

また，直前期には国際政治や選挙，行政改革などのテーマを中心に，時事的な知識を補充する必要もあります。

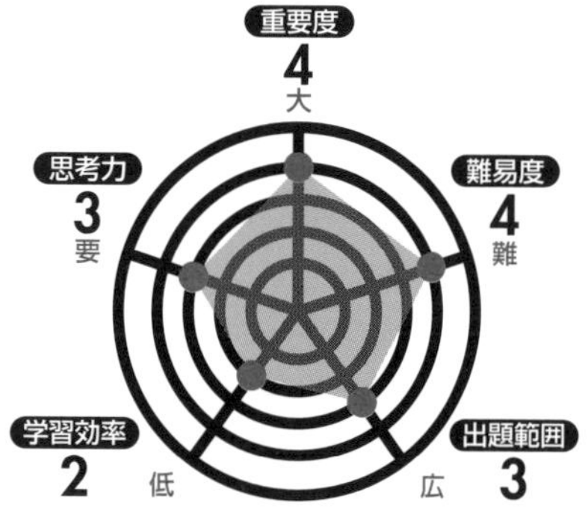

政治　過去10年間の出題テーマ

出題箇所		25	26	27	28	29	30	元	2	3	4
政治学	政治・国家に関する理論										
	政治制度	B		C			B		A	A	区
	選挙制度	区	A	B	B	C		B			
	政党と圧力団体										
	日本政治史	区		区							
	日本の政策			A		B					
行政学	行政国家	C									
	行政改革・行政統制										
	地方自治		区			C			BC		B
国際政治	国際法と国際政治									B	
	国際連盟と国際連合			区							
	国際政治の現状と課題			C	C区	区		B		区	
法学	法学の基礎		区		区	区		区		A	区
	行政法・刑法・労働法の基本問題			区				B			
憲法の基礎	日本国憲法の基本原理	B区		区		B区		区	A		A
	地方自治				AB		C	A		C	
基本的人権	人権総論	B		A	区		区				区
	法の下の平等				A				区		B
	精神的自由権	C	AB	A	C		BC			C	
	経済的自由権			B			A				
	社会権・受益権・参政権			区	B	AC	区	C	C	B	
	人身の自由		C						B		C
国会・内閣	国会議員	A								区	
	国会の活動		AC			A	A		C		
	国会の権限と衆議院の優越	区	B				B	区		B	
	内閣	C		B	AC			B		A	AC
裁判所	裁判所の権限		区					C			
	違憲法令審査権	A						A			
	裁判官の独立										
	日本の司法制度			C		B	区		区	区	

特別区で頻出

周期的に出題される

（A＝A日程，B＝B日程，C＝C日程，区＝特別区）

経済 傾向と対策

出題数		
A日程	B·C日程	特別区
2問	2問	1問

PART Ⅲ問題
教養試験 No.3～4

ミクロ経済学の基礎が最頻出 経済学部の学生は全問正答をめざせる

どんな問題が出るの？

経済原論（市場の役割や消費者・生産者レベルで経済を見るミクロ経済学，国レベルで経済を見るマクロ経済学）から出題されていますが，内容はかなり基本的なものに絞られています。

なお，経済事情など時事的な問題が出題されることがありますが，これらについては59ページの「社会」の出題テーマ表にまとめています。

出題テーマの傾向は？

A日程では，さまざまなテーマからまんべんなく出題されています。他の試験に比べてやや高めの難易度です。

B日程では，ミクロ経済学の基礎テーマを中軸にして，財政政策なども定期的に出題されています。財政政策からの出題の多くは，マクロ経済学の基本学習（45度線モデル，*IS-LM*モデル）と共通しています。

C日程では，さまざまなテーマからまんべんなく出題されています。

特別区では，経済事情の比率が高くなっているので，経済としての出題数は少なくなっています。

学習のポイント

経済原論（ミクロ経済学，マクロ経済学）は学問体系が確立しています。よって独学も可能ですが，機会があれば大学１年生向けの講義に参加するのも効率的な学習方法でしょう。独学を試みる受験者は，平易な図解の多いテキストを勧めます。なお，経済学部の学生ならば全問正答をめざしたいところです。

経済　過去10年間の出題テーマ

出題箇所	年度	25	26	27	28	29	30	元	2	3	4
ミクロ経済学	余剰分析										
	消費者行動			B							
	生産者行動		B			B				B	
	需要曲線と供給曲線			C				B	C		
	市場の失敗	BC			B				B	A	
マクロ経済学	経済循環と国民所得		AB	B				AC	C		A
	貨幣数量説と物価変動					C					A
	その他				A						
金融	マネーサプライとマーシャルの*k*										
	日銀の景気政策		C			A				A	
	金融政策論	C区			C		B	B			
	*IS-LM*分析										
国際経済学	国際分業と国際経済										
	貿易政策										
	外国為替の需給と為替相場				A		C区		B		
財政	日本の財政					C	B			BC	B
	財政政策	AB		C	C	AB					
経済史	戦後の日本経済					区		区		C	区
	第二次世界大戦後の国際経済								区		C
経済学説			C				A				
経済・経営学用語							C			A	B

B日程で頻出

特別区で出題される

（A＝A日程，B＝B日程，C＝C日程，区＝特別区）

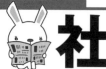

社会 傾向と対策

出題数		
A日程	B･C日程	特別区
5問	5問	4問

PART Ⅲ問題
教養試験
No.5～8

時事・社会事情を含む近時のニュース等から幅広く出題

どんな問題が出るの?

社会は，時事・社会事情を含めると，近年出題数も注目度も上がっている分野です。

労働，社会保障，環境・エネルギー問題，人口，経済事情，国際情勢などの分野から幅広く出題実績がありますが，特に頻出といえるのは，環境・エネルギー問題，国際情勢です。数年おきに出題されている人口問題，少子高齢化についても，基礎事項の理解が必要です。

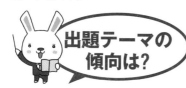

出題テーマの傾向は?

A日程の試験では，環境・エネルギーが特に頻出のテーマです。

B日程の試験は，非常に広範囲から幅広いテーマが出題されていますが，日本と世界の経済事情からの出題が目立っています。

C日程の試験では，現代社会の諸相の時事的なテーマと，国際情勢が頻出です。

特別区では，経済事情とわが国社会の現状が頻出テーマですが，さまざまな分野からまんべんなく出題されているようです。

学習のポイント

B日程・C日程において導入された「新教養試験」では，従来よりも時事を重視するとのアナウンスがなされたこともあるので，これからますます重要度が高まっていくことが予想されます。時事的な知識は，面接や論文試験で必要となることもあるので，どこを受験するに当たっても時事対策はしっかりとやっておきたいところです。

まずは受験先の傾向に合わせて学習したら，傾向学習の範囲から漏れたオーソドックスなテーマについても押さえておきましょう。学習ツールとしては，模試や『速攻の時事』など時事対策本の積極的な活用が有効です。労働，環境・エネルギー分野については，白書にもざっと目を通しておきたいところです。

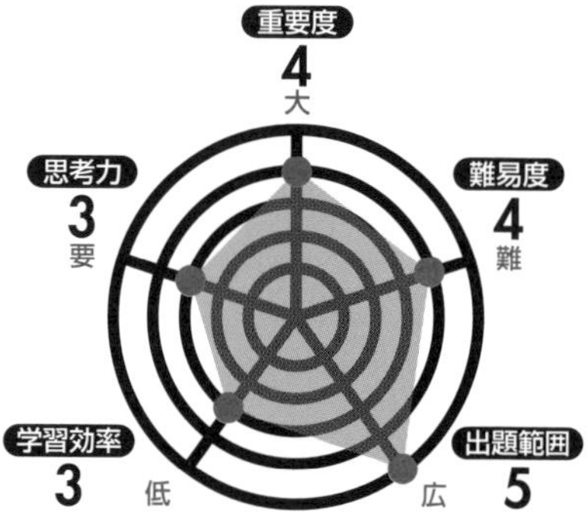

社会　過去10年間の出題テーマ

出題箇所		年度 25	26	27	28	29	30	元	2	3	4
社会学・心理学											
労働事情	労働市場						Ⓑ				
	就業構造の変化							区	Ⓐ		
	雇用・失業政策		Ⓑ				Ⓒ				ⒶⒷ
	労働組合の組織形態										
社会保障	日本の社会保障制度				区		Ⓒ				
	年金制度	区			区	Ⓒ				Ⓒ	
	医療保険制度	区			区						
	少子高齢化・社会福祉					Ⓑ					ⒷⒸ
	医療・健康						Ⓒ		Ⓑ		Ⓐ
現代社会の諸相	女性・家族										Ⓒ
	選挙	Ⓐ				Ⓐ	Ⓐ	区			Ⓐ
	行財政改革									Ⓑ	
	教育・文化・スポーツ	区	ⒶⒶⒸ区				ⒶⒸ区	ⒶⒸ	Ⓒ区	ⒶⒷ	区
	科学技術・情報技術	Ⓑ区	Ⓐ				Ⓑ	ⒷⒸ	ⒶⒷⒸⒸ	Ⓒ	ⒶⒷⒸⒸ
	環境・防災・エネルギー	Ⓐ	Ⓐ区	Ⓐ	ⒶⒸ区	ⒶⒸ	ⒶⒷ	ⒶⒸ	ⒶⒶⒷ	ⒷⒸⒸ区	ⒷⒸ
	農業・食料										
	人口問題			ⒶⒷⒸ					Ⓐ	Ⓐ	Ⓑ
	わが国社会の現状	Ⓒ区	Ⓒ	Ⓒ区	Ⓑ	区区		ⒶⒸ区		Ⓑ区	
	地方自治				Ⓒ					Ⓒ区	
	立法・法改正		区			Ⓐ	区			Ⓑ	Ⓐ区
国際社会	国際情勢	ⒷⒸ区区	Ⓒ	Ⓑ	ⒶⒷ	Ⓐ区区	Ⓒ区	Ⓐ	ⒷⒸ区	ⒶⒶ区	区
	日本の外交・防衛	Ⓐ							区		Ⓑ
経済事情	経済政策・統制	区区		区	区						
	金融政策・国際金融	区	区		区						
	貿易	区		区	区					Ⓑ	区
	日本経済事情	ⒶⒷⒸ	ⒶⒷ区	ⒶⒶ区	Ⓑ		Ⓑ区	ⒶⒸ区	Ⓑ区	Ⓐ区	
	世界経済事情		区			Ⓑ	Ⓐ	Ⓑ	Ⓐ		

（Ⓐ＝A日程，Ⓑ＝B日程，Ⓒ＝C日程，区＝特別区）

A日程で頻出

東アジア情勢に注意

B日程で頻出

日本史 傾向と対策

A日程	B・C日程	特別区
2問	2問	1問

出題数

PARTⅢ問題　教養試験 No.9～10

高校までに学んだ知識が問われる 近現代史からの出題が顕著

どんな問題が出るの?

高校の「日本史」の教科書の範囲で出題されています。特に,「日本史Ｂ」の教科書に対応しています。

「日本史Ａ」の教科書の範囲では対応できないような，内容的に踏み込んだ問題が出題されていますので，早めの準備が望まれる科目です。

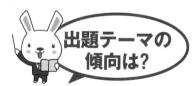

出題テーマの傾向は?

市役所試験では，近現代史が最頻出で古代史の出題は少ない傾向にあります。**Ａ日程**，**Ｂ日程**，**Ｃ日程**を合わせて，鎌倉時代と江戸時代が数年に１度の割合で出題されています。

Ａ日程では，江戸時代から明治時代にかけての出題が多く，政治史だけではなく，学問に焦点を当てた出題も見られます。

Ｂ日程では，近現代史が頻繁に出題されています。

Ｃ日程では，戦後史の出題が多く，政治史の出題される割合が高い傾向があります。

特別区では，各時代からまんべんなく出題されていて，これといった傾向は見られません。

学習のポイント

古代史がまったく出題されないわけではないので，古代を含めながら中世，近世，近現代の特色を押さえていくことが重要です。

まずは歴史上の人物名を正確に覚え，政治史を強化し終えたら，経済・文化面まで学習範囲を広げていきましょう。

日本史　過去10年間の出題テーマ

出題箇所	年度	25	26	27	28	29	30	元	2	3	4
先史～飛鳥時代			Ⓒ								
律令国家	奈良時代の政治										
	摂関政治と国風文化	区					Ⓐ				
	院政と平氏政権										
鎌倉時代	鎌倉幕府・執権政治	Ⓑ		区				Ⓑ		Ⓐ	
	鎌倉文化・鎌倉仏教	Ⓑ						区		Ⓐ	
室町～安土桃山時代	室町幕府					Ⓒ	Ⓑ				区
	産業の発達										Ⓐ
	北山文化と東山文化										
	戦国大名・織豊政権	区		Ⓑ		区	Ⓒ				Ⓒ
江戸時代	江戸幕府の成立と機構					Ⓑ		Ⓐ	Ⓑ	Ⓒ	
	身分制度と統制策			Ⓐ							
	対外関係と鎖国										
	商業・都市の発展										
	幕政の推移										
	江戸時代の文化	区							区		
明治時代	開国とその影響		Ⓑ		Ⓐ					Ⓐ	
	近代化のための諸改革	Ⓒ	Ⓐ		ⒷⒸ					Ⓐ	Ⓑ
	日清，日露戦争と資本主義の発達								Ⓐ	区	
両世界大戦	第一次世界大戦と日本経済	Ⓑ	Ⓒ		区						
	政党政治と大正デモクラシー	Ⓑ			区	Ⓑ	区		ⒷⒸ		Ⓒ
	昭和初期・第二次世界大戦	Ⓑ	区			ⒶⒷ					
現代	戦後の改革	Ⓐ	Ⓑ			Ⓐ	ⒶⒸ			Ⓑ	Ⓐ
	高度成長期		Ⓐ	Ⓑ		Ⓒ		Ⓐ	Ⓐ	Ⓒ	
	国際社会への復帰	Ⓒ			Ⓐ			Ⓒ			
	20世紀後半の政治			ⒶⒸ	ⒷⒸ		Ⓑ	Ⓑ			
通史	外交史								Ⓒ		
	文化・仏教・教育史	区									
	貨幣・税制史			Ⓒ							
	地域史		区					Ⓒ			
	土地制度										

最頻出テーマ

（Ⓐ＝A日程，Ⓑ＝B日程，Ⓒ＝C日程，区＝特別区）

世界史 傾向と対策

出題数		
A日程	B・C日程	特別区
1問	2問	1問

PART Ⅲ問題
教養試験 No.11～12

高校までに学んだ知識が中心 20世紀の世界とアジア史の出題が多い

どんな問題が出るの?

高校の「世界史」の教科書の範囲で出題されています。日本史と同じように「世界史B」の教科書に対応して出題されています。

日本史に比べると人名が理解しづらいものが多い点が難点ですが，ていねいに学習していけば，抵抗感は薄れます。

日本史以上に範囲が広い世界史は，後回しにせず，早めに準備していきましょう。

出題テーマの傾向は?

A日程，B日程，C日程全体では，現代史が出題される割合が高くなっています。

A日程では，古代史の出題は少ない傾向にあります。近代以降のヨーロッパ，市民革命以降が問われやすくなっています。

B日程では，19世紀とアジア史が頻出です。古代・中世史はここ10年まったく出題されていません。

C日程では，第一次世界大戦後，20世紀中の範囲からの出題が目立っています。

特別区では，各時代からまんべんなく出題されていて，これといった傾向は見られません。

学習のポイント

ヨーロッパ史では，世界史上重要な出来事を中心に，それにかかわる国々の政治家や重要人物を押さえておくことが大切です。ひとつの国の歴史ではなく，同時代における国々の状況を大局的に理解していくことで，テーマ別の問題に対処していくことができます。

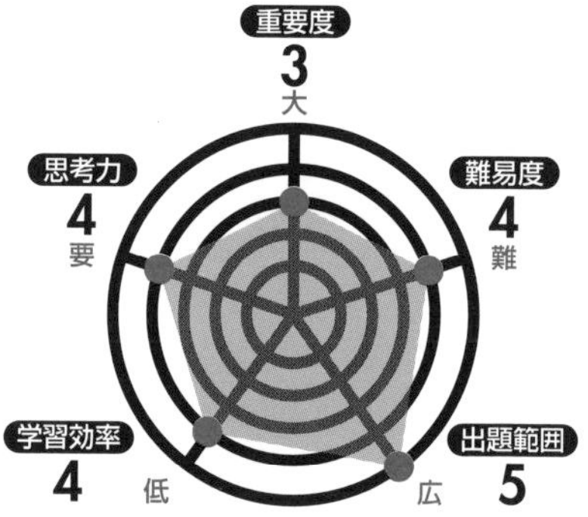

世界史　過去10年間の出題テーマ

出題箇所		年度 25	26	27	28	29	30	元	2	3	4
古代・中世	古代史	区					区			区	
	中世ヨーロッパ		Ⓒ	区							
近代化と絶対主義諸国	ルネサンス										
	ヨーロッパ人の対外進出	Ⓐ				Ⓑ			Ⓒ	Ⓒ	区
	宗教改革	Ⓑ						Ⓒ			
	絶対主義諸国の盛衰								Ⓐ		
	近代国家の成立										Ⓑ
	植民地抗争の展開					Ⓐ					
市民革命と産業革命	産業革命	Ⓒ									
	アメリカの独立と発展	Ⓒ							Ⓑ		
	フランス革命	Ⓒ	区							Ⓐ	
自由主義～帝国主義	ウィーン体制							Ⓐ			
	ヨーロッパ諸国の動き		ⒶⒷ	Ⓒ			Ⓑ			Ⓑ	
	帝国主義時代									Ⓑ	
	世界分割の進行								Ⓒ		
世界大戦	第一次大戦とヴェルサイユ体制			Ⓑ	Ⓑ	Ⓒ区	Ⓐ	Ⓑ			Ⓐ
	世界恐慌とファシズムの進出							区	Ⓑ		
	第二次世界大戦		Ⓐ		Ⓒ						
現代	大戦後の国際政治	Ⓑ			Ⓑ区		Ⓑ	Ⓐ	Ⓐ		Ⓑ
	民族運動										
	20世紀後半の世界	Ⓑ	Ⓒ				Ⓐ				
地域史	中国王朝史	Ⓑ		ⒶⒷ	ⒶⒷⒸ	Ⓑ	Ⓒ	Ⓑ		Ⓑ	Ⓒ
	中国近現代史	Ⓐ	Ⓑ	Ⓒ				Ⓒ			
	朝鮮・台湾・東南アジア史									Ⓐ	
	アメリカ史					Ⓒ					Ⓒ
	中東史	Ⓒ		ⒶⒷ			Ⓒ			Ⓒ	
	東欧・ロシア史				Ⓐ	ⒶⒸ					
イスラム世界	イスラム帝国の成立と発展										
	オスマン・トルコ帝国								区		
	その他のイスラム諸国			Ⓐ							
通史	宗教史		Ⓑ								
	外交史			Ⓐ		Ⓑ					

中国史は頻出

（Ⓐ＝A日程，Ⓑ＝B日程，Ⓒ＝C日程，区＝特別区）

地理 傾向と対策

出題数		
A日程	B・C日程	特別区
2問	2問	1問

PART Ⅲ問題
教養試験 No.13～14

主として高校までに学んだ地理の知識 世界地理の出題が顕著

どんな問題が出るの?

高校の「地理B」の内容が問われる科目です。

自然地理，世界地理，日本地理の分野から出題されています。地形や各国地誌，日本の産業などが問われ，いずれも基本事項を中心に問われています。オーソドックスな地理の知識が試されると同時に地図に関する知識も問われる科目です。

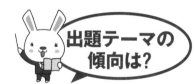

出題テーマの傾向は?

A日程，B日程，C日程全体を見ると，ほかの公務員試験と比べて日本地理はほとんど出題がなく，世界地理の分野で各国地誌の出題が多くなっています。特に，アジアに関する出題が多い傾向にあります。

A日程では，地形・気候から定期的に出題されています。

B日程では，世界の農牧業や鉱工業などのテーマで主要生産国・産出国に関する問題が頻出です。

C日程では，数年に1度の割合で，ケッペンの気候区分が出題されています。

特別区では，地形・気候が最頻出で，時折各国地誌が出題されています。

学習のポイント

地形に関する問題では，大地形や山脈，平野，河川，特殊地形などが出題されています。気候区分ではハイサーグラフの読み取り問題も出題されていますので，グラフの特色を確認し，ぞれぞれの気候の特色を押さえておくことが重要です。

主要農産物や鉱産資源の主要産出国の世界順位を1位から3位まで最新データで把握しておくことは正誤の判断をするポイントになります。

学習する際には，必ず地図帳で国の位置や形状を確認するようにしましょう。

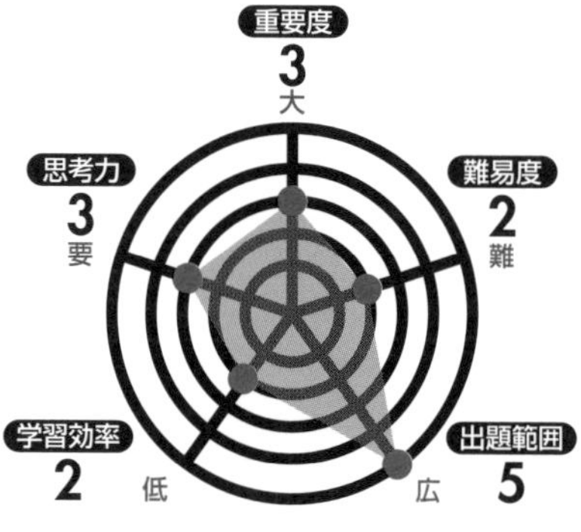

地理　過去10年間の出題テーマ

出題箇所		年度 25	26	27	28	29	30	元	2	3	4
地形・気候	地形の成因，世界の大地形	Ⓑ	区	Ⓒ		Ⓑ	Ⓐ	Ⓒ		Ⓒ区	
	侵食・堆積地形	区				Ⓑ区				区	
	平野・海岸地形	Ⓐ				Ⓑ区					
	海の地形・海流					Ⓐ				Ⓒ	
	河川	区	Ⓑ								Ⓑ
	気候	Ⓒ		Ⓑ	Ⓐ区			Ⓑ	Ⓐ区		
	地図・図法					Ⓒ					
農林水産業	世界の農牧業	Ⓑ			Ⓑ				Ⓐ		
	世界の植生と林業	Ⓒ									
	水産業										
鉱工業	世界のエネルギー資源										
	世界の鉱産資源		Ⓐ								
	世界の工業地域										Ⓐ
	環境問題			Ⓐ							
各国地誌	人類の諸集団と人口						区	区	Ⓑ		
	宗教・言語			Ⓒ		Ⓒ		Ⓐ		Ⓑ	
	民族と国家				Ⓑ						
	東アジア諸国		Ⓒ	Ⓐ						Ⓐ	
	東南アジア諸国	区		Ⓑ							
	南アジア諸国				Ⓐ						Ⓑ
	西アジア諸国	Ⓐ		Ⓒ			Ⓑ				
	アフリカ諸国			区			Ⓐ				Ⓐ
	西ヨーロッパ諸国						Ⓒ				
	北ヨーロッパ諸国		Ⓐ								
	ロシア連邦（旧ソ連諸国）										
	アメリカ合衆国				Ⓒ						
	ラテンアメリカ諸国		Ⓑ					Ⓐ			
	オセアニア										
日本地理	産業	Ⓒ	Ⓒ		Ⓒ						Ⓒ
	農業					Ⓐ		Ⓑ	Ⓒ	Ⓐ	Ⓒ
	その他										区

C日程での出題が目立つ

（Ⓐ＝A日程，Ⓑ＝B日程，Ⓒ＝C日程，区＝特別区）

数学 傾向と対策

出題数		
A日程	B・C日程	特別区
1問	1問	0問

PART Ⅲ問題
教養試験 No.15

高校の数学Ⅰ・Aの内容が中心 出題タイプにより出題範囲が大きく違う

どんな問題が出るの?

高校の「数学Ⅰ」「数学A」と重なる問題がほとんどですが,「数学Ⅱ」からの出題もあります。

出題タイプにより傾向に違いが見られるので,対策は立てやすいでしょう。レベル的には基礎的なものが多くなっています。

出題テーマの傾向は?

A日程・B日程・C日程を通して,関数に関する問題がよく出題されており,なかでも2次関数が最重要テーマになっています。座標などの問題も含めると,なんらかの形で図形やグラフを扱う問題が多くなっているようです。

なお,**特別区**については,平成26年度から数学の出題がなくなっています。また,**B日程・C日程**のLogicalタイプの教養試験では,数学からの出題はありませんので,注意が必要です。

学習のポイント

出題タイプによって傾向が分かれているので,その対策をしっかりとすることが大切です。解法の基本パターンを復習し,過去問に当たってみるといいでしょう。確率や場合の数などは数的推理との関連性があるので,一緒に対策するつもりで見ていくとよいでしょう。

頻出のテーマをしっかり押さえることで,効率のよい学習をしていきたいところです。

数学　過去10年間の出題テーマ

出題箇所		年度 25	26	27	28	29	30	元	2	3	4
式の計算		区	Ⓐ		Ⓑ						
整数問題		Ⓐ							Ⓐ		
2次方程式											
文字係数の方程式											
関数	1次関数		Ⓒ		ⒶⒸ	Ⓑ			Ⓑ	Ⓐ	Ⓐ
関数	2次関数			ⒷⒸ		ⒶⒸ	Ⓐ		Ⓒ	Ⓑ	Ⓒ
関数	放物線と直線									Ⓒ	
関数	直角双曲線										
関数	合成関数										
関数	絶対値の付いた関数					Ⓒ					
関数	その他の関数	Ⓐ									
集合											
図形と座標	直線の方程式			Ⓐ			Ⓒ				
図形と座標	円の方程式							Ⓑ			
図形と座標	不等式と領域	Ⓒ						Ⓐ			
図形の性質と計算											Ⓑ
三角関数											
一次変換											
数列			Ⓑ								
微分・積分		区									
応用数学	確率										
応用数学	場合の数・順列・組合せ										

最重要テーマ

26年度から特別区では出題がない

（Ⓐ＝A日程，Ⓑ＝B日程，Ⓒ＝C日程，区＝特別区）

物理 傾向と対策

出題数		
A日程	B･C日程	特別区
1問	1問	2問

PART Ⅲ問題
教養試験
No.16

高校の物理の内容で力学が中心 電気回路の分野は要注意

どんな問題が出るの?

高校で学習する「物理」と重なります。力学を中心に，公式を覚えることが重要となります。また電気回路や波からの出題も見られます。

問題は計算を要するものが多く，グラフの見方や，作図して解くものなどもあるので，実力を要します。空欄補充や下線部の正誤を判断させるものなど複雑なものも少なくありません。

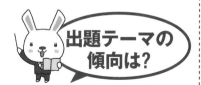

出題テーマの傾向は?

A日程では，同じテーマが続くことはなく，流体（浮力）や熱力学加速度運動，波，電気といった分野からまんべんなく出題されています。

B日程では，力学の中でも，力のつりあいの出題が多いです。

C日程では，これといった傾向は見られません。

特別区では，物体の運動や電気回路からの出題が目立ちます。

なお，B日程・C日程のLogicalタイプの教養試験では，物理からの出題はありませんので，注意が必要です。

学習のポイント

力学をまずはしっかりとやることです。市役所試験に限らず，公務員試験の物理は力学が中心です。公式を覚えて，基本問題から解いていく練習が必要となるでしょう。しかし，出題数が1問と少ないこともあるので，あまり物理に時間をかけられないということもありますので，ぜひともポイントを押さえた学習を心がけましょう。

物理　過去10年間の出題テーマ

出題箇所		年度 25	26	27	28	29	30	元	2	3	4
力学	力のつりあい	Ⓒ	Ⓐ			Ⓑ	ⒶⒷ	区	Ⓒ		
	弾性力・摩擦力・万有引力							Ⓐ			
	剛体のつりあい										
	運動の法則					区			Ⓑ	Ⓒ区	
	加速度運動	区		区	Ⓐ区	Ⓒ					
	運動量保存の法則	Ⓐ	Ⓑ		Ⓐ			Ⓒ			
	力学的エネルギー		区		Ⓒ	区			Ⓐ		
	流体				Ⓑ					Ⓑ	
	熱						区				
波動	波の要素	Ⓑ	区								Ⓒ区
	電磁波			Ⓐ							Ⓐ
	音波	区		Ⓒ				Ⓑ	区		
電磁気学	帯電現象・電界と電位			区	区		Ⓒ	区		Ⓐ	区
	抵抗の接続					Ⓐ			区		
	電流の熱作用										
	電気回路	区	Ⓒ	Ⓑ区		区	区			区	Ⓑ
原子物理							Ⓑ				

最重要テーマ

特別区で頻出

（Ⓐ＝A日程，Ⓑ＝B日程，Ⓒ＝C日程，区＝特別区）

化学 傾向と対策

出題数		
A日程	B･C日程	特別区
1問	1問	2問

PART Ⅲ問題 教養試験 No.17

高校の化学の中から出題 基礎理論からの出題が多く見られる

どんな問題が出るの?

高校で学習する「化学」とほぼ同じ内容です。幅広い範囲からの出題となっていて，広い知識を必要とします。計算問題もありますが，多くはありません。化学用語，性質，記号などを覚えていくことが重要です。

出題形式としては5つの記述のうち1つの正答を答える形式が多くなっていますが，空欄補充や下線部の正誤を判断させる形式もあり複雑になっています。なかには，計算を必要とする問題もあります。

出題テーマの傾向は?

A日程では，有機化学からの出題が目立ちます。ほかには，基礎理論と無機化学の気体とをからめた問題などが特徴であるといえます。

B日程では，毎年異なるテーマを取り上げ，連続性もないのでA日程よりも学習の範囲を絞り込むことは困難です。有機化学からの出題はほとんどありません。

C日程では，基礎化学理論が多く，なかでも化学反応が要注意です。物質の構成と化学結合からの出題はありません。基礎理論を中心に全体を広く浅く学習しておきましょう。

特別区では，計算問題が多く出題されているのが特徴です。

なお，**B日程・C日程**のLogicalタイプの教養試験では，化学からの出題はありませんので，注意が必要です。

学習のポイント

いずれの出題タイプも範囲が広く，あるテーマだけを理解するのが科目の性質からも難しいので，対策は立てにくいといえます。やはり過去問をもとにして，用語，性質などを覚えていくことから始めましょう。

出題数が多くないので，あまり時間をかけることはできません。効率的にポイントを押さえていくことが大事です。

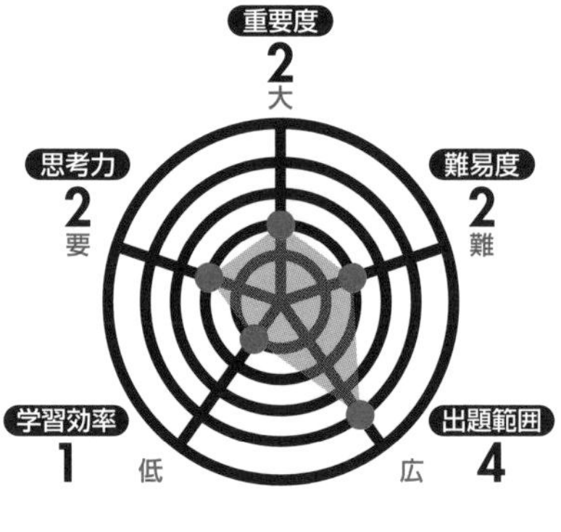

化学　過去10年間の出題テーマ

出題箇所	年度	25	26	27	28	29	30	元	2	3	4
物質の構成と化学結合	物質の精製法										
	化学の基礎法則										
	原子の構造	Ⓑ									
	化学結合・分子間力		区								
	化学量										
物質の三態	物質の状態変化		Ⓐ	Ⓒ							区
	結晶の種類と性質	Ⓑ						区		区	
	気体の性質	区				Ⓐ区	区		ⒶⒷ区		
	溶液の性質		Ⓑ			区					
熱化学・化学平衡	化学反応	Ⓒ区		Ⓑ区			Ⓒ				Ⓑ
	化学平衡										
酸と塩基の反応	酸と塩基					Ⓑ					
	水とイオン積とｐＨ					Ⓑ					
	中和反応		Ⓒ			Ⓑ		Ⓒ		Ⓐ	
酸化還元反応	酸化・還元の定義				Ⓒ			Ⓑ			
	金属のイオン化傾向										
電池・電気分解	電池				区						
	電気分解										
周期表と元素の性質	周期表				Ⓑ	Ⓒ	区				
	金属元素	区	Ⓒ区		Ⓐ区			Ⓐ区		Ⓒ	区
	非金属元素	Ⓑ									Ⓒ
無機化合物	気体の製法と検出法			Ⓑ		区					
	主な無機化合物の性質	区	区	Ⓐ			ⒷⒸ		Ⓒ	Ⓐ	Ⓐ
有機化合物		Ⓐ		Ⓐ区					区	ⒶⒷ区	
高分子化合物							Ⓐ				
環境・リサイクル		Ⓐ		Ⓐ							

特別区とA日程が目立つ

（Ⓐ＝A日程，Ⓑ＝B日程，Ⓒ＝C日程，区＝特別区）

生物 傾向と対策

出題数		
A日程	B・C日程	特別区
2問	2問	2問

PART Ⅲ問題
教養試験 No.18～19

高校の生物の内容とほぼ同じ 広い範囲からの出題がある

どんな問題が出るの？

高校で学習する「生物」とほぼ同じ内容です。範囲が広く，覚える用語なども多いのですが，単元に絞って学習することが可能な科目なので，覚えた量だけ得点が期待できます。出題タイプごとに見ると，傾向がある程度つかめるのでぜひ押さえておきましょう。

問題にはグラフを読み取るものや，図表を利用したものなどさまざまな形式がありますが，計算を必要とする問題はほとんど見られません。

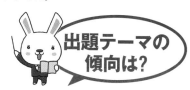

出題テーマの傾向は？

A日程では，近年，環境や生態系，保健・医療など身近なテーマからの出題が増えている印象があります。細胞からの出題はあまり見られません。

B日程では，同化・異化からの出題が多くみられます。もう1問は，各分野，テーマから幅広く，連続することもなくさまざまな問題が出されています。

C日程では，細胞に関する出題が目立ちますが明らかな傾向は読み取れません。

特別区では，DNAを含めた細胞関連と，生物の集団からの出題が目立ちます。

なお，B日程・C日程のLogicalタイプの教養試験では，生物からの出題はありませんので，注意が必要です。

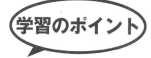

学習のポイント

覚える量が多いので，頻出テーマを中心に学習を進めていきたいところです。用語とその意味，働き，現象など，身近なものも少なくないので，覚えていくにつれて問題も解けるようになります。

公務員試験は記述式ではないので，正誤の判断ができるようになればいいともいえます。ある程度全体を流して繰り返し見ていくことで学習を効率よく進めていくのがよいでしょう。

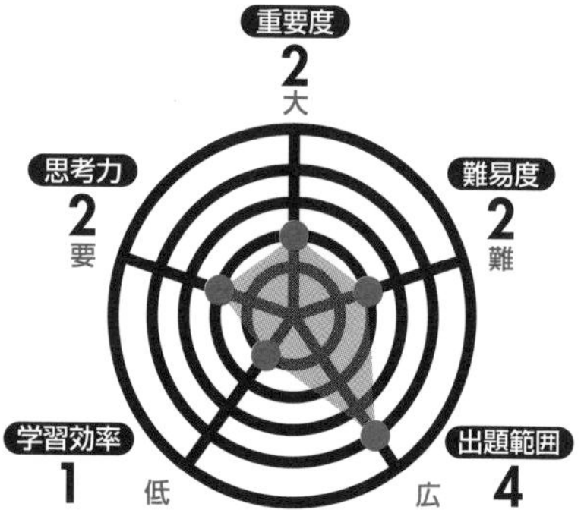

生物　過去10年間の出題テーマ

出題箇所	年度	25	26	27	28	29	30	元	2	3	4
細胞	細胞のつくりと働き	Ⓒ				Ⓑ		Ⓐ		Ⓒ	区
	細胞をつくる物質	Ⓒ									
	細胞分裂			Ⓑ							
	動物の発生・生殖	区			Ⓒ		区			Ⓐ区	
	植物の組織と器官					Ⓑ			Ⓑ		
遺伝と進化	遺伝の法則			Ⓑ							
	生命の起源と進化の歴史			Ⓒ							
	遺伝子の実体とＤＮＡ			Ⓑ		Ⓒ区			区	Ⓑ	
同化・異化	酵素とその働き										
	呼吸とその仕組み		Ⓒ				区		Ⓐ	Ⓐ	
	炭酸同化・光合成	ⒶⒷ					Ⓑ		Ⓒ		Ⓒ
	窒素同化と植物の栄養										
	動物の栄養と消化		Ⓑ	Ⓒ	Ⓐ		Ⓑ	Ⓒ			Ⓒ
体液と恒常性	体液と内部環境					Ⓐ			Ⓒ		Ⓐ
	血液の成分				Ⓑ区	Ⓐ		Ⓐ			
	排出					Ⓑ					
	免疫			Ⓑ			Ⓐ	Ⓒ	Ⓑ		
個体と調節	自律神経・ホルモンと調節	Ⓒ区	区		Ⓐ	区		Ⓑ		区	Ⓑ区
	肝臓・腎臓の働き	Ⓑ	Ⓐ	Ⓒ	Ⓒ	Ⓑ				Ⓑ	
	視聴覚器							区	Ⓐ		
	植物の調節										
刺激と動物の行動				Ⓐ区							
生物の集団	環境と生物					Ⓒ					
	個体群の相互作用										
	植物群落の遷移と分布				Ⓑ区						Ⓑ
	生態系の働きと平衡		Ⓐ区				ⒶⒸ		区		Ⓐ
	地球環境と有害物質		Ⓑ					Ⓑ			
	動物の分類			Ⓐ区		Ⓒ					
	保健・医療・衛生	Ⓐ						区		Ⓒ	

定期的に出題される（呼吸とその仕組み・炭酸同化・光合成）

（Ⓐ＝Ａ日程，Ⓑ＝Ｂ日程，Ⓒ＝Ｃ日程，区＝特別区）

地学 傾向と対策

出題数		
A日程	B･C日程	特別区
1問	1問	2問

PART Ⅲ問題
教養試験 No.20

高校で学ぶ内容がベース 出題タイプにより傾向が異なる

どんな問題が出るの?

高校で学習する「地学」と重なります。しかし，高校で地学を選択する人は少ないので，ほとんどの人は中学の理科以来の学習となるでしょう。身の回りの現象が多くあるので，そこから興味を持っていくとよいでしょう。

また，時事的な問題が見られるとともに，図や表を用いた問題もあるので，いろいろな問題の形式に慣れておきたいところです。

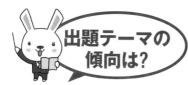

出題テーマの傾向は?

A日程，B日程，C日程では，広く全範囲からさまざまな問題が出題されています。傾向がつかみにくいために，対策を立てるのは困難です。過去問を中心に広く浅く学習していくしかないでしょう。

特別区では，天文と地殻からの出題がほとんどを占めていて，気象からはあまり出題されていません。

なお，**B日程・C日程**のLogicalタイプの教養試験では，地学からの出題はありませんので，注意が必要です。

学習のポイント

各出題タイプとも1問の出題ですし，高校で未習の人も多いことを考えると，いかに効率よく学習を進めていくかがカギになります。まずは大まかに傾向をつかみ，頻出テーマから始めましょう。問題を解いていく中で，解説を読みながら理解を進めるとよいでしょう。

地球の異変，温暖化，異常気象，地震など今や時事問題となっているものもあるので，新聞やニュースなどを見ておくのも大切です。

なお，平成26年度試験ではA日程において地学からの出題はありませんでした。

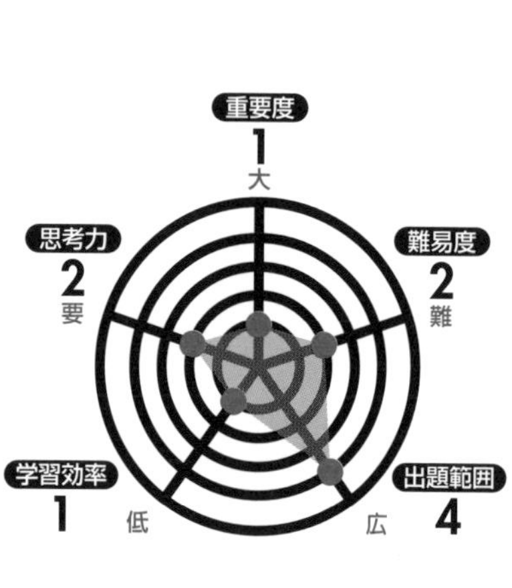

地学　過去10年間の出題テーマ

出題箇所		年度 25	26	27	28	29	30	元	2	3	4
天文	地球の自転に伴う現象	Ⓑ									
	地球の公転に伴う現象	Ⓑ						Ⓒ	Ⓑ		
	恒星		区			Ⓑ					
	惑星の特徴			Ⓐ区	Ⓒ区		Ⓐ	区	Ⓐ区	Ⓒ	
	太陽		区			区	区				区
	宇宙の構造	区								区	
気象	気圏の構造				Ⓑ						
	太陽放射と大気の熱収支										
	大気中の水分		Ⓒ				Ⓒ	Ⓐ			
	大気の運動	区						区			
	気団と前線	Ⓐ				Ⓒ				Ⓑ	
	天気図と天気予報	Ⓐ	Ⓑ		Ⓐ	Ⓒ					区
	波と潮										
	海流と海水					区	Ⓑ			区	Ⓑ
地学	地球の内部構造	Ⓒ		区				Ⓑ	区	Ⓐ	Ⓒ
	火成岩				区						
	地震	Ⓒ	区	Ⓑ							
	火山			Ⓒ		Ⓐ	区				Ⓐ
	日本の地形										
	地層や岩石の新旧関係										
	化石と地質時代の区分								Ⓒ		

太陽系は特別区で頻出

26年度はA日程で出題がなかった

（Ⓐ＝A日程，Ⓑ＝B日程，Ⓒ＝C日程，区＝特別区）

PART II
教養・専門試験の攻略法

文章理解 傾向と対策

出題数		
A日程	B·C日程	特別区
6問	6問	9問

PART Ⅲ問題
教養試験 No.21～27

現代文・英文の長文読解 解答時間を短縮できるかがポイント

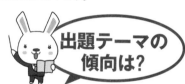

どんな問題が出るの?

現代文・英文についての長文に関連した問題です。出題される文章は論理的に書かれたものが中心で，文学作品などはあまり出題されません。出題形式は長文の内容と合致する選択肢を選ぶ「内容把握」，文章全体の要旨を問う「要旨把握」，文中の空欄に入る語句や文章を選ぶ「空欄補充」といった形式があります。

出題テーマの傾向は?

現代文と英文がほぼ半々の割合で出題されます。

要旨把握の問題は，現代文・英文ともしばらく出題されていませんでしたが，現在は出題されるようになっています（**特別区**の英文についてはいまだに要旨把握からの出題はありません）。

空欄補充，文章整序，英文の文法・慣用句・ことわざからの出題は，今のところ**特別区**のみに限られています。

なお，**B日程・C日程**については平成30年度から，**A日程**については令和元年度から古文の出題がなくなっています。

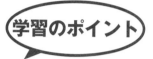

学習のポイント

限られた試験時間の中で素早く解答することが必要です。読解力をつけるには時間がかかりますが，問題演習を重ねるのが大事です。

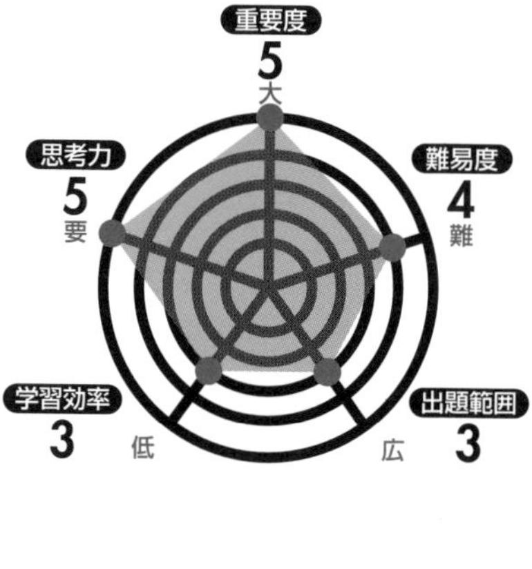

文章理解　過去10年間の出題テーマ

出題箇所	年度	25	26	27	28	29	30	元	2	3	4
現代文	要旨把握（人文科学分野）	ⒷⒸ区	ⒶⒸ区区	ⒶⒶⒷ区区	ⒶⒷ区区区	Ⓐ区区	Ⓐ区区	ⒶⒷ区区	ⒶⒷⒷⒸⒸ区区	ⒶⒶⒷⒸ区区	ⒶⒶⒷ区
現代文	要旨把握（社会科学分野）	区	ⒶⒷⒸ区	Ⓐ区	ⒶⒷ	ⒶⒶ区ⒷⒷ	区	ⒶⒷⒷ区	ⒶⒷⒸ区	ⒶⒷⒷⒸ区	ⒶⒷⒷⒸ区区
現代文	要旨把握（自然科学分野）	Ⓒ	Ⓑ	Ⓑ	Ⓐ	Ⓑ	ⒶⒶ			Ⓒ	
現代文	内容把握（人文科学分野）	Ⓐ		Ⓒ	ⒸⒸ		ⒸⒸ	ⒸⒸ			Ⓒ
現代文	内容把握（社会科学分野）	Ⓐ		Ⓒ		ⒸⒸⒸ	ⒷⒷⒸ	Ⓒ			Ⓒ
現代文	内容把握（自然科学分野）			Ⓒ	Ⓒ						
現代文	空欄補充	ⒶⒷⒸ区	ⒶⒸ区	区	Ⓑ区	区	Ⓑ区	Ⓐ区	Ⓐ区	区	区
現代文	文章整序	区	区	区	区	区	区	区	区	区	区
英文	要旨把握（人文科学分野）	Ⓐ	Ⓐ	Ⓐ	ⒶⒶ	ⒶⒶ		Ⓑ	ⒶⒷ	ⒶⒷⒸ	ⒶⒸ
英文	要旨把握（社会科学分野）	ⒶⒶⒷⒷⒷ	ⒶⒶ	Ⓐ	Ⓐ	ⒶⒶ	ⒶⒶⒶ	ⒷⒷ	ⒶⒷ	ⒶⒷⒷⒸ	ⒶⒷⒸ
英文	要旨把握（自然科学分野）	Ⓑ		Ⓐ				Ⓐ	ⒶⒷ	ⒶⒸ	ⒶⒸ
英文	内容把握（人文科学分野）	ⒸⒸⒸ区	Ⓑ区	ⒷⒸ区	Ⓑ	Ⓒ区区	ⒷⒸ	ⒶⒸ区	Ⓒ区	区	Ⓑ区区
英文	内容把握（社会科学分野）		ⒷⒷⒸⒸ	ⒷⒷⒸ	ⒷⒷ区	ⒷⒷⒸ	ⒷⒷⒸⒸ区区	ⒶⒸⒸ区	Ⓒ区	区	
英文	内容把握（自然科学分野）		ⒷⒸ	ⒷⒸ	区	ⒷⒸ			Ⓒ	Ⓐ	Ⓑ
英文	空欄補充	区	区	区	区	区	区	区	区	区	区
英文	文章整序	区		区				区	区	区	区
英文	文法・ことわざ		区		区	区	区				
古文		ⒶⒷⒸ	ⒶⒷⒸ	ⒶⒷⒸ	ⒶⒷ	ⒶⒷⒸ	Ⓐ				

特別区のみで出題がある

特別区のみで出題がある

（Ⓐ＝A日程，Ⓑ＝B日程，Ⓒ＝C日程，区＝特別区）

平成30年度からB，C日程では古文の出題がなくなった

令和元年度からA日程でも古文の出題がなくなった

PART Ⅱ 教養・専門試験の攻略法

資料解釈 傾向と対策

出題数		
A日程	B・C日程	特別区
2問	2問	4問

PART Ⅲ問題
教養試験 No.40

計算力よりも資料の見方を身につけることが重要

どんな問題が出るの？

数字の入った表や，棒グラフ，折れ線グラフなどの資料が示され，その資料を正しく読み取れるかどうかが問われます。

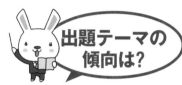

出題テーマの傾向は？

市役所試験ではどの日程も１問の出題となっていますが，**特別区**では４問出題されています。

市役所試験ではグラフ（図表）の出題が大半を占めています。グラフで示されている数値は実数・割合や伸び率がほとんどで，指数や構成比が出題されることはあまり多くありません。

特別区では，数表と図表から半々で出題されています。なかでも伸び率（増加率・増減率）の問題が数表で出題されるパターンがここ10年あまり続いています。

学習のポイント

数字が示されてその正誤を問われるのですが，むやみに計算する必要はありません。選択肢をよく読むと，示された資料からは断定できないようなことも含まれていますので，その選択肢については計算を省けます。問題を解きながら，こうした資料の読み方を身につけることが重要です。

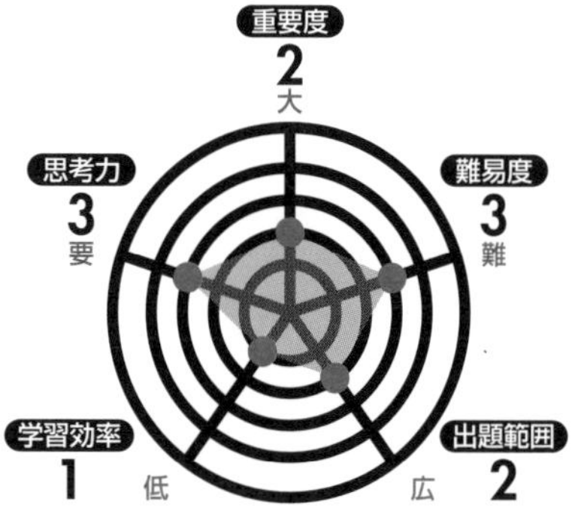

資料解釈　過去10年間の出題テーマ

出題箇所		年度 25	26	27	28	29	30	元	2	3	4
数表	実数・割合		区	区	区	区	Ⓒ区	Ⓑ区	ⒷⒸ区	ⒷⒸ区	ⒷⒸ区
数表	指数・構成比	区					Ⓑ区		区		区
数表	伸び率（増加率）	区	区	区	区	区		区	Ⓑ	区	
図表	実数・割合	ⒶⒷ区	Ⓒ区	区	ⒶⒷ区	Ⓑ区	ⒷⒸ区	ⒶⒷⒸ Ⓒ区	ⒶⒸ区	ⒶⒷⒸ 区	区 ⒶⒷⒸ
図表	指数・構成比	ⒶⒷ区	ⒶⒷ区	Ⓒ区	区	区	区	区	区	区	区
図表	伸び率（増加率）	ⒷⒸ		ⒶⒷ	Ⓒ	ⒶⒸ	Ⓐ				Ⓐ
特殊な数表・図表	相関関係（散布図）										
特殊な数表・図表	三角図										
特殊な数表・図表	累積度数・度数分布										
特殊な数表・図表	その他の図表										
特殊な数表・図表	複数の数表・図表										

グラフ問題がメイン

（Ⓐ＝A日程，Ⓑ＝B日程，Ⓒ＝C日程，区＝特別区）

判断推理 傾向と対策

出題数		
A日程	B・C日程	特別区
8問	8問	9問

PARTⅢ問題
教養試験
No.28～33

パズルのような内容 基本的な解法の理解・習得が大事

どんな問題が出るの？

算数・数学的な内容というよりも，クイズ・パズル的な要素が濃厚です。

難易度は決して高くはありませんが，算数や数学ではほとんど学習しないような内容を扱うこともあって，その意味では公務員試験独自の科目といってよいでしょう。

大別すると，

①文章によって示された条件に関して推測・確定する問題（言語分野）

②図形的な問題に関して推測・確定する問題（非言語分野）

の２つがあります。

特別区では，この②のことを「空間把握」と呼んでいます。

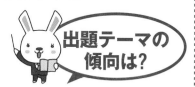

出題テーマの傾向は？

言語分野：①集合と論理，②対応関係，③数量条件，④順序関係，については頻出です。典型的な問題を確実に解けるようにしましょう。

非言語分野：①平面図形の分割と構成，②位相と経路，③軌跡，④積み木，の範囲がよく出題されています。②，③については，どちらが出題されてもよいように学習しておきましょう。

学習のポイント

算数・数学が苦手であっても，判断推理が苦手な科目になるとは限りません。むしろ初めて学習する教科という意識を持つことで，得意科目にすることが可能でもあります。

その際，基礎練習→問題演習（過去問演習）→欠点の修正，という流れを確立するとよいでしょう。ドンドン過去問を解いていくことで，勘所に実際に触れていくという姿勢が大切です。

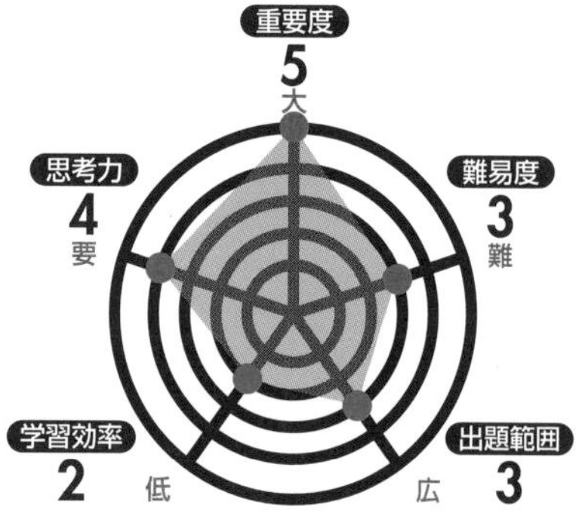

判断推理　過去10年間の出題テーマ

出題箇所	年度	25	26	27	28	29	30	元	2	3	4
推論，集合の要素		ⒶⒷⒸ	Ⓐ	ⒶⒸ	ⒷⒸ	ⒶⒷ区	ⒶⒸ区	Ⓒ区区	ⒶⒷⒸ	ⒶⒷⒸ区	ⒶⒷⒸ
うそつき問題，発言からの推理		Ⓑ	ⒶⒷⒸ	Ⓑ	Ⓒ区	Ⓒ区	Ⓑ	ⒶⒷ	区		区
規則性	暗号	区	区	区	区	区	区	区	区	区	区
規則性	配列・数列										
対応関係		ⒶⒷⒸⒸ区	ⒷⒸ	ⒶⒸⒸ	ⒶⒶⒶⒷⒷ区	ⒶⒸ	ⒶⒶⒷⒸ	ⒶⒷⒸ区	Ⓒ区	ⒶⒷⒸⒸ区	ⒶⒷⒸ区
試合形式		Ⓑ	Ⓐ区		Ⓒ区	区	Ⓐ区	Ⓒ	ⒶⒷ区	区	Ⓑ区
数量条件からの推理			区	ⒶⒷ	Ⓐ	ⒶⒸⒸ区	ⒷⒸ区	ⒶⒷ区	Ⓐ	Ⓐ	Ⓒ区
順序関係			ⒷⒸ		Ⓑ	ⒷⒸ		ⒶⒸ	Ⓒ区	ⒶⒶⒷⒸ	
操作・手順		ⒶⒷⒸ	ⒶⒷ	Ⓑ区区		Ⓑ		Ⓑ	ⒷⒸ	Ⓑ	ⒶⒸ
方位・位置	配置	区	区	ⒶⒷⒸ		Ⓑ区	Ⓑ区	Ⓑ	Ⓐ	区	ⒶⒷ区
方位・位置	席順								Ⓑ区		
方位・位置	方位			Ⓐ区	区						
平面図形	図形の数え上げ・回転			ⒷⒸ	Ⓐ		Ⓐ	Ⓒ		Ⓐ	Ⓐ
平面図形	図形の分割と構成	ⒶⒷ区区	Ⓒ区	Ⓐ	ⒷⒸ	ⒶⒷ区		ⒶⒷⒸ区	ⒷⒸ	ⒷⒸ区	ⒶⒸ区
平面図形	折り紙				Ⓑ区		Ⓒ区		Ⓐ	Ⓐ	Ⓑ
位相と経路				区	区		ⒷⒸ		ⒶⒸ	区	
軌跡		Ⓒ区	ⒶⒷⒸ区	Ⓒ区	ⒶⒸ区	ⒶⒷⒸ区	ⒷⒸ区	ⒶⒷⒷ区	ⒶⒷ	ⒶⒷ区	ⒷⒸ区
立体図形		ⒶⒷⒸ	ⒶⒶⒷⒸ区	Ⓐ	ⒶⒷⒸ	Ⓒ区	区	Ⓒ	ⒷⒸ	ⒶⒷⒸ	ⒶⒷⒸ
正多面体		Ⓑ区	Ⓑ	Ⓒ	ⒶⒷ	Ⓑ	区			区	
展開図		区	ⒷⒸ区		区	Ⓐ		ⒶⒷ区	ⒷⒸ		ⒶⒷ区
サイコロ				Ⓑ		区					Ⓒ
積み木											
投影図		ⒶⒷ		Ⓑ区	Ⓒ	Ⓒ	Ⓐ	Ⓒ区	Ⓐ	Ⓑ	区
立体の切断		Ⓐ		ⒶⒸ	区	Ⓑ	ⒶⒷⒸ区			Ⓒ	
鏡像		Ⓐ									

特別区で頻出

最重要テーマ

特別区では毎年出る

（Ⓐ＝Ａ日程，Ⓑ＝Ｂ日程，Ⓒ＝Ｃ日程，区＝特別区）

数的推理 傾向と対策

出題数		
A日程	B・C日程	特別区
4問	4問	6問

PART Ⅲ問題
教養試験 No.34～39

小中高の算数・数学の内容がベース 複雑な計算を手早く処理したい

どんな問題が出るの？

小学校の算数，中学・高校の数学で学習した内容とほぼ同じです。

難易度は決して高くはありませんが，1問にかけられる時間が非常に短い（大体3～5分）ので，効率のよい解き方を身につける必要があります。

図形の問題も出題されますが，判断推理（空間把握）とは異なり，数的推理では求積（長さ・角度，面積，体積などを計算して求める）問題がほとんどになっています。

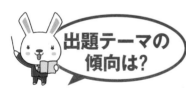

出題テーマの傾向は？

①整数問題，②速さ・時間・距離，③平面図形，④場合の数と確率，⑤比・割合，については頻出です。典型的な問題を確実に解けるようにしましょう。

学習のポイント

算数・数学が苦手な受験生ほど，数学＝方程式という意識が強く，解答不能のスパイラルに陥ることが多くなっています。

数的推理は数学ではない，という意識を強く持ち，「その問題に適した解法」が必ずしも方程式で解くことではないことを理解しましょう。

そして，判断数理と同じように基礎練習→問題演習（過去問演習）→欠点の修正，という流れで学習を進めていきましょう。典型的な問題をひととおりこなしていけば，「このタイプの問題はこう解く」というパターンが身についていくので，解答時間を短縮できるようになっていきます。

数的推理　過去10年間の出題テーマ

出題箇所　年度	25	26	27	28	29	30	元	2	3	4
方程式		Ⓑ		ⒷⒷⒸⒸ		ⒷⒸⒸ	Ⓒ	ⒶⒷ	Ⓑ区	Ⓐ
関数と座標平面										
年齢算					Ⓑ		Ⓐ	Ⓑ		
時計算				Ⓐ						
不等式						区				区
整数：約数・倍数	区	区	Ⓑ区	ⒶⒷ区	ⒶⒷ区	Ⓐ	Ⓑ	区	区区	Ⓒ
整数：整数問題	ⒶⒷⒸⒸ区	ⒶⒶ	ⒶⒷⒸ	Ⓐ区	ⒶⒸ	ⒶⒸ	ⒶⒸⒸ区	ⒶⒷ	ⒶⒶⒷⒸ	ⒷⒸ区
覆面算・虫食い算	Ⓐ	ⒷⒸ	ⒶⒸ			Ⓑ		Ⓐ		Ⓐ
魔方陣			Ⓑ区	ⒶⒸ			Ⓐ	Ⓒ		
n 進法										
比・割合		ⒶⒷⒸ	ⒷⒸ		Ⓑ	Ⓐ区	Ⓒ区	Ⓑ区	Ⓐ	ⒶⒸ
濃度	ⒶⒸ			Ⓑ	ⒶⒸ区		ⒶⒷ		Ⓒ	
定価と原価の関係	ⒶⒷ		Ⓐ							ⒷⒸ
仕事算	Ⓑ区		ⒶⒸ	区		ⒷⒸ区		Ⓒ区	ⒶⒷ	区
速さ・時間・距離	Ⓒ	ⒷⒸ区区	Ⓑ区	ⒶⒸ区	ⒷⒸ区	ⒶⒷ区	Ⓑ区	ⒶⒸ区	ⒶⒸ区	ⒶⒷ区
数列										
平面図形：三角形	区		区	区	区		区	区	Ⓒ区	区
平面図形：多角形		Ⓐ区			Ⓒ	Ⓑ				
平面図形：円	ⒶⒸ		区	区		区				
空間図形：多面体と球							Ⓐ		Ⓐ	
空間図形：円すい・三角すい	Ⓒ					Ⓒ				
空間図形：立体の体積・容積			Ⓐ		Ⓐ					
場合の数		Ⓒ区			Ⓐ		区		ⒶⒷⒸ	
確率		Ⓐ	区	Ⓒ	区	Ⓐ	Ⓐ	ⒶⒸ	区	Ⓑ

最重要テーマ

C日程・特別区で頻出

（Ⓐ＝A日程，Ⓑ＝B日程，Ⓒ＝C日程，区＝特別区）

専門試験ではどこが大事なの?

事務系では，出題数の多い憲法・行政法・民法・経済原論を中心に！

□各科目の出題数

事務系の専門試験における各科目の出題数は85ページの表のとおりです。

おおむね，行政系科目が8～10問，法律系科目が17問，経済系科目が13～15問となっており，法律系の科目のウエートが高くなっています。

なお，B日程・C日程では，40問必須解答の従来型に加えて，10分野計50問から任意の6分野計30問または任意の8分野計40問を選択解答するタイプもあります。

□合格ライン達成のために

法律系科目は，公務員の仕事が法律に基づいて行われることから，基礎的な素養として重視されています。しかし，一口に**法律系科目といってもそれぞれの科目の性格はずいぶん違うので，まずは科目の概要を把握して，ポイントを押さえながら学習を進めることが大切**です。刑法などは，各タイプで2問しか出ないのに範囲は広く難解なので，むやみに深入りすると危険です。

経済系科目は，法律系科目の次にウエートが高く，経済原論のみでも10問近い出題数があります。**経済系科目は，それぞれの科目の学習内容が重なっている**ので，経済原論で学んだことが財政学として出題されたり，教養試験の経済として出題されたりもします。経済系科目では数式を使う問題も多いので苦手意識を持っている受験生も多いですが，一度理解してしまえばかなり応用が利くので，ここを得点源にしたいところです。

行政系科目は，一定の基礎知識が繰り返し出題されやすいうえに，どのテーマから学習を始めても不都合がないので，**出題傾向をしっかりと押さえて，重**

要なテーマや学びやすいテーマから学習を始めましょう。なお，社会政策や国際関係では時事的な事柄が問われることもあるので，その対策も忘れないようにしましょう。

事務系であれば，**出題数の多い憲法，行政法，民法，経済原論を中心に学習を進めましょう。**これらの科目は，ササッと暗記すれば解けるようになるというものではないので，じっくりと学習計画を練りたいところです。

なお，将来の進路として公務員を考えている大学1年次や2年次の人は，公務員試験の出題科目を考慮して，履修する科目を決めるとよいでしょう。

専門試験の科目別出題数

<table>
<tr><th>科　目</th><th>A日程</th><th>B･C日程（従来型）</th><th>B･C日程（科目選択型）</th><th>特別区</th></tr>
<tr><td>政治学</td><td>2</td><td>2</td><td rowspan="2">5</td><td>5</td></tr>
<tr><td>行政学</td><td>2</td><td>2</td><td>5</td></tr>
<tr><td>社会学</td><td>—</td><td>—</td><td>5※</td><td>5</td></tr>
<tr><td>社会政策</td><td>3</td><td>3</td><td>5</td><td>—</td></tr>
<tr><td>社会事情</td><td>—</td><td>—</td><td>—</td><td>—</td></tr>
<tr><td>国際関係</td><td>4</td><td>4</td><td>5</td><td>—</td></tr>
<tr><td>憲法</td><td>5</td><td>5</td><td>5</td><td>5</td></tr>
<tr><td>行政法</td><td>6</td><td>6</td><td>5</td><td>5</td></tr>
<tr><td>民法</td><td>5</td><td>5</td><td>5</td><td>10</td></tr>
<tr><td>商法</td><td>—</td><td>—</td><td>—</td><td>—</td></tr>
<tr><td>刑法</td><td>—</td><td>—</td><td>—</td><td>—</td></tr>
<tr><td>労働法</td><td>—</td><td>—</td><td>—</td><td>—</td></tr>
<tr><td>経済学</td><td>10</td><td>10</td><td>5</td><td>10</td></tr>
<tr><td>経済政策</td><td>—</td><td>—</td><td>5※</td><td>—</td></tr>
<tr><td>財政学</td><td>3</td><td>3</td><td>5※</td><td>5</td></tr>
<tr><td>経営学</td><td>—※</td><td>—</td><td>—</td><td>5</td></tr>
<tr><td></td><td>40</td><td>40</td><td>40/50</td><td>40/55</td></tr>
</table>

※科目選択型の「社会学」には「教育学」を含む
※科目選択型の「経済政策」には「経済事情」を含む
※科目選択型の「財政学」には「金融論」を含む
※地方上級全国型では「経営学」が2問出題される

□ 各科目の傾向と対策について

次ページから，専門試験の各科目について，問題の形式，出題される内容，学習のポイントなどをまとめています。

過去に出題された問題の内容については「過去10年間の出題テーマ」として一覧表にまとめました。

①取り上げる試験は，A日程（大半が地方上級全国型との共通問題），B日程（従来型），C日程（従来型），特別区Ⅰ類です。それぞれを右のように記号で表します。

②記号1つについて1問の出題があったことを示しますが，1つの問題で複数のテーマにまたがっている内容の場合は，複数の該当箇所に記号を配置しています。

なお，年度・試験によっては情報が十分になく，どのような内容だったか判明していない問題もあります。

試験名と記号の凡例

試験	記号
A日程	Ⓐ
B日程	Ⓑ
C日程	Ⓒ
特別区	区

政治学 傾向と対策

出題数		
A日程	B・C日程	特別区
2問	2問	5問

PART Ⅲ問題
専門試験
No.1～2

各国の政治制度，政治状況には日々関心を持とう

どんな問題が出るの?

高校の「現代社会」「政治・経済」とは，政治機構，日本政治史が重複しています。しかし，重複する範囲は多くなく，特に頻出のテーマとなっている政治理論と政治思想については独自の学習が必要になります。

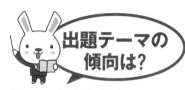

出題テーマの傾向は?

A日程では，政治思想が数年おきに出題されることがある点が，他の試験と比較した場合の特徴となっています。

B日程では，他の試験と比べて連続した出題が多く，出題範囲が限定されているのが特徴です。特に現代の政治理論については以前は毎年のように出題されていました。

C日程では，政治過程に関する出題が多かったのですが，近年減少傾向にあるようです。それに代わって，政府の諸形態・議会と現代の政治理論が出題されるようになっています。2年連続する出題も見られます。

特別区では，現代の政治理論に関する出題が多くなっています。また，これまでに国際政治分野から出題されたことはありません。

学習のポイント

高校の内容と重複する日本や諸外国の政治機構，選挙制度などは，必ず正答ができるよう，先に押さえておくことが大切です。最近は各国の政治状況も報道されることが増えているので，日々関心を持っておきましょう。

高校の内容と重複しない政治理論や政治思想は難しく感じるでしょうが，出題の対象となる理論や思想家は限られているので，過去問でそれらをピックアップしたうえで一つ一つ確実に押さえていけば，十分克服できます。

政治学　過去10年間の出題テーマ

出題箇所		年度 25	26	27	28	29	30	元	2	3	4
政治学の基本概念	政治権力		ⒷⒸ区		Ⓑ区		ⒷⒸ区			区	
	国家	Ⓒ区				区					
政治機構	権力の分立							Ⓐ			
	政府の諸形態・議会	Ⓑ区	Ⓒ区	Ⓐ区	区	ⒶⒸ	Ⓑ区		区	Ⓒ	ⒶⒸ区
	地方分権										
政治過程	選挙・投票行動	Ⓐ	Ⓐ	Ⓑ区区		Ⓒ区	Ⓒ	Ⓐ区	Ⓑ区	Ⓐ区	
	政党		区	Ⓒ	ⒷⒸ	Ⓑ	Ⓐ区	ⒷⒸ区	Ⓐ	ⒶⒷ	ⒷⒸ
	圧力団体					Ⓑ					
	マスコミ・世論		ⒶⒷ		区						区
	リーダーシップ		Ⓑ		区	区			区		
	政治意識・政治的無関心	区				区					区
	大衆社会	区				Ⓑ	区	区			Ⓐ
政治思想	古代と中世の政治思想				Ⓐ					区	
	近代の政治思想	Ⓐ	区	ⒷⒸ区	Ⓐ	区		区			区
	日本の政治思想				Ⓐ		区		区		
	現代の政治理論	区区			Ⓐ区				ⒶⒸⒸ	Ⓒ区	Ⓑ区
	デモクラシー論	ⒷⒸ	区	区		Ⓐ	Ⓐ	Ⓑ区	Ⓑ		
政治史				Ⓐ						区	
国際政治	国際政治史							Ⓒ			
	各国の政治状況				Ⓒ					Ⓑ	

C日程では最近出ていない

B日程・C日程・特別区で頻出

（Ⓐ＝Ａ日程，Ⓑ＝Ｂ日程，Ⓒ＝Ｃ日程，区＝特別区）

行政学 傾向と対策

出題数		
A日程	B・C日程	特別区
2問	2問	5問

PART III問題
専門試験 No.3～4

高校の内容と重複は少ないものの，効率的な学習は可能

どんな問題が出るの？

行政学は，アメリカで生まれたアメリカ行政学や行政管理などの理論とともに，戦後日本の行政改革や地方自治を内容とします。高校の「現代社会」「政治・経済」と重複するのは，日本の地方自治や戦後の行政改革など，一部に限られます。

出題テーマの傾向は？

A日程では，行政管理の理論と実際の日本の行政の出題が多かったのですが，最近は行政管理の理論があまり出題されなくなり，行政機構の出題ウエートが増しています。

B日程では，行政学の理論が比較的多く出題されています。理論で2問が構成されることもあるのが特徴です。

C日程では，地方自治に関する問題や，政策過程，官僚制などが2年連続で出題されたことがあります。このように連続した出題が多いのが特徴です。

特別区では，行政改革や行政責任に関するテーマの出題が多く見られます。市役所試験ではあまり出題されないアメリカ行政学・シュタイン行政学など学説史的な出題が見られるのも特徴です。

学習のポイント

高校の科目との重複は少ないので難しく感じるかもしれませんが，対象の範囲はそれほど広くなく，学習に取り組みやすい科目です。最初は行政学の理論にはなじみがなくても，そのうち慣れてくるので苦手に思う必要はありません。

テキストに沿った内容での出題が比較的多いので，テキストをしっかり押さえることが大切です。そのうえで，市役所試験だけでなく，他の試験も含めて，過去問を学習していけば，出題の傾向も読み取れるようになります。

行政学　過去10年間の出題テーマ

出題箇所		年度 25	26	27	28	29	30	元	2	3	4
現代国家	現代国家				区						
	官房学・シュタイン行政学		区								区
	アメリカ行政学			区		区		区		区	
行政管理	官僚制			ⒷⒸⒸ	ⒷⒸ区	区		ⒷⒸ	ⒶⒷⒷⒸ	Ⓑ区	
	組織理論	Ⓑ区	Ⓑ	区	Ⓐ	ⒷⒸ	区区	区区	区	Ⓐ	ⒷⒸ
	公務員制度	区			区					区	区
政策過程	政策過程	Ⓒ	Ⓐ		区		ⒷⒸ			区	
	政策評価								区		
	稟議制				区		Ⓒ				
	予算		Ⓒ							Ⓑ	区
	計画・統計										
	行政活動									Ⓒ	
行政機構	日本の行政組織		Ⓑ区		Ⓒ区	Ⓐ	区	Ⓐ区	区	Ⓒ	Ⓒ
	行政改革	Ⓐ区	区区	Ⓐ		Ⓐ区	Ⓐ		Ⓒ区		Ⓐ
	行政委員会と審議会										区
行政責任	行政責任	Ⓐ		区			区	Ⓑ			区
	行政統制	ⒶⒷ区	区	Ⓑ区	Ⓑ	区		ⒶⒸ区			
地方自治	地方自治論	区					区				Ⓑ
	日本の地方自治	Ⓒ	ⒶⒸ	Ⓐ区	ⒶⒸ区	ⒶⒷⒸ区	ⒶⒷ		Ⓐ区	Ⓐ区	Ⓐ

（Ⓐ＝A日程，Ⓑ＝B日程，Ⓒ＝C日程，区＝特別区）

定期的に出る

最重要テーマ

憲法 傾向と対策

出題数		
A日程	B・C日程	特別区
5問	5問	5問

PART Ⅲ問題
専門試験 No.5～9

法律科目の中で最初に着手するにふさわしい科目

どんな問題が出るの？

憲法は，高校までに学習する機会も多く，また，ニュースなどで接する機会もあるので，法律科目の中でも比較的なじみのある科目であるといえます。このため，法律科目の中でも最初に着手するのにふさわしい科目といえるでしょう。

試験科目としての憲法は，学習範囲が他の法律科目と比較してもそれほど広くないため，短期間で得意科目に仕上げることが可能であるといえます。

また，憲法については，教養試験の政治の分野でも1～2問出題されます。よって，その対策としても，憲法については確実に理解したいところです。

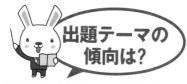

出題テーマの傾向は？

市役所試験全体を通じて，基本的人権では，表現の自由はいつ出題されてもおかしくないテーマで，人身の自由・法定手続の保障は出題可能性が高いテーマです。国会・内閣・裁判所のうち，司法権に関するテーマからの出題が相対的に多い点が指摘できます。

学習のポイント

まずは，具体的なイメージを持ちやすい部分から学習を始めるのがよいでしょう。たとえば，基本的人権の分野では最初に個別の人権規定について，統治機構の分野では最初に国会・内閣・裁判所のそれぞれの機関の性質や構成や権能などについてのイメージをつかむとよいでしょう。

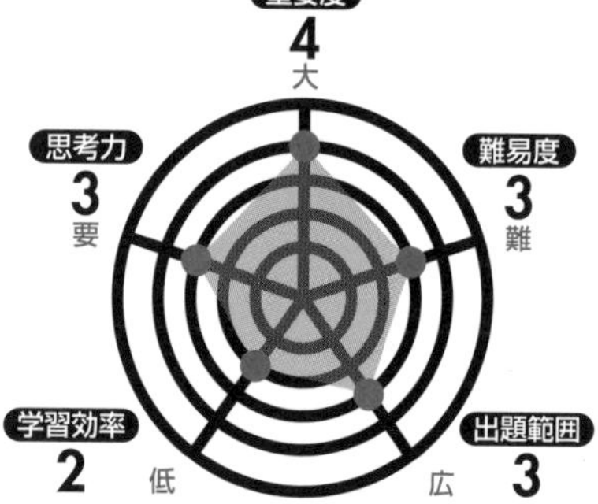

憲法　過去10年間の出題テーマ

	出題箇所　　年度	25	26	27	28	29	30	元	2	3	4
基本的人権	基本権保障の一般原則		Ⓒ	Ⓒ						Ⓐ	
	外国人と基本権				Ⓐ	Ⓑ区			Ⓒ		
	法人と基本権			Ⓑ		区					
	公務員と基本権										
	基本権と私人間の関係				Ⓒ	Ⓑ				Ⓒ	
	幸福追求権（13条）	Ⓒ									Ⓐ
	法の下の平等	Ⓐ	区		Ⓑ	区	Ⓒ区			Ⓑ	
	精神的自由	Ⓐ		Ⓐ							
	思想・良心の自由		Ⓐ	Ⓒ	Ⓐ			区	ⒶⒸ		
	表現の自由	区	Ⓒ	ⒶⒷ	Ⓑ区	Ⓒ	Ⓐ	Ⓑ	Ⓑ区	Ⓒ	ⒶⒷ
	信教の自由		ⒶⒷ			区				Ⓐ	
	学問の自由と大学の自治										Ⓒ
	集会・結社の自由							Ⓐ		区	
	人身の自由，法定手続の保障	Ⓑ		区		ⒶⒸ	Ⓑ	Ⓑ区			Ⓑ
	経済的自由	Ⓒ区			区	ⒶⒷ	Ⓒ区			区	Ⓒ区
	社会権							Ⓒ			
	生存権			区	Ⓒ		Ⓐ	Ⓐ	Ⓑ		区
	教育を受ける権利								Ⓐ		
	労働基本権		区						Ⓒ区		
	受益権										
	参政権	区	ⒶⒷ		Ⓑ					Ⓑ	
国会・内閣・裁判所	立法権と国会	ⒷⒸⒸ				Ⓑ	Ⓒ				
	国会議員の特権			Ⓑ		Ⓒ		ⒶⒸ区			
	国会の活動		区	Ⓑ区	区	区		Ⓑ			Ⓑ
	国会の権能と議院の権能			Ⓐ	ⒶⒸ区	区	Ⓐ区		Ⓐ区	Ⓑ区区	Ⓒ
	行政権と内閣	Ⓐ	Ⓑ		Ⓐ					Ⓑ	
	内閣		区	ⒶⒸ区	ⒷⒸ区	Ⓐ	区	Ⓒ	ⒷⒸ	Ⓐ	Ⓐ区
	司法権と裁判所		区			Ⓐ区	区		ⒷⒸ	Ⓒ	ⒷⒸ
	司法権の独立	区	ⒶⒸ		Ⓑ	Ⓒ区	Ⓐ				区
	最高裁判例の法源性										
	違憲審査制	Ⓑ	区			Ⓑ	Ⓑ	区		Ⓐ	
	国家機関全般							Ⓐ			
憲法の基本原則	日本国憲法の特質	ⒷⒸ	ⒶⒸ		区		Ⓑ	Ⓑ	Ⓑ	ⒷⒸ	ⒶⒸ
	憲法改正		Ⓑ						区		
	国民主権と天皇制							Ⓒ			
	地方自治の原則			Ⓒ区		区			Ⓐ区		Ⓐ区
	財政に関する基本原則	Ⓐ区		区			Ⓒ	区	Ⓐ	区	Ⓑ

最頻出テーマ

（Ⓐ＝A日程，Ⓑ＝B日程，Ⓒ＝C日程，区＝特別区）

行政法 傾向と対策

出題数		
A日程	B･C日程	特別区
6問	6問	5問

PARTⅢ問題
専門試験
No.10～15

頻出の知識が多く，マスターすれば安定的な得点源となる

どんな問題が出るの？

憲法や民法のように，「行政法」という科目名に対応した法典は存在しません。数多くの行政に関する法律を総称したのが行政法です。もっとも，出題される法律は限られています。

行政法は，行政組織法，行政作用法，行政救済法の３つの分野に大別されます。

行政組織法は，各試験で１問出題されるかどうかといった程度です。それ以外は，行政作用法と行政救済法からほぼ均等に出題されるのが通常です。

行政法は，学習を始めてしばらくはイメージを持ちにくいためか，苦手意識を感じる人が多いようです。しかし，行政法の全体構造をつかみ，過去問の学習を進めていけば，同じ知識が何度も繰り返し出題されていることがわかるようになり，得意科目の１つになることが期待できます。

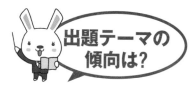

出題テーマの傾向は？

Ａ日程・Ｂ日程・Ｃ日程の全体を通じて，行政組織法の分野では，住民の権利，住民監査請求・住民訴訟・その他の制度のテーマがいつ出題されてもおかしくないテーマです。行政作用法の分野では，行政手続法が頻出のテーマとなっています。

Ａ日程では，行政組織法からの出題が多くなっています。また国家賠償法からの出題が集中しています。

Ｃ日程では，国家賠償法関連の問題が毎年１問は出ている形になっています。

学習のポイント

まずは行政法の全体構造をつかみ，その後は過去問を学習の中心に据えるとよいでしょう。

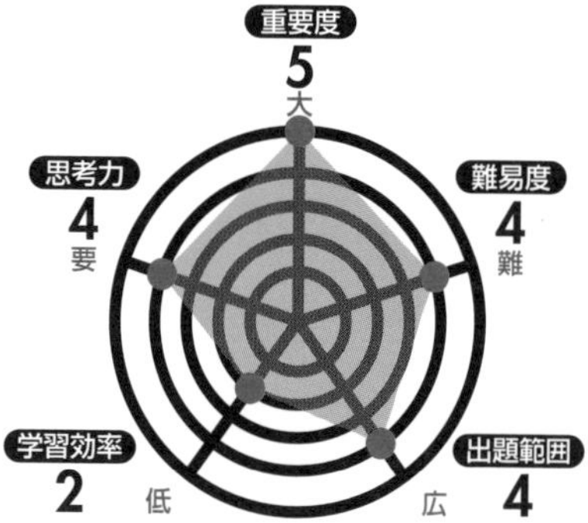

行政法　過去10年間の出題テーマ

	出題箇所　年度	25	26	27	28	29	30	元	2	3	4
行政法序論	法律による行政の原理		区		Ⓒ	Ⓒ			Ⓑ	区	区
	行政上の法律関係(公法と私法)			Ⓒ							
行政組織法	権限の委任と代理	Ⓐ									
	地方公共団体の事務	Ⓐ			Ⓐ		Ⓑ		Ⓐ		Ⓒ
	指定管理者制度										
	国と地方の関係，条例		Ⓒ	Ⓑ	Ⓑ		ⒶⒸ	Ⓒ	Ⓑ	Ⓒ	Ⓑ
	住民の権利	Ⓑ									
	住民監査請求，住民訴訟等	ⒷⒸ		Ⓐ	Ⓒ	Ⓑ			Ⓒ	ⒶⒷⒸ	
	地方公共団体の長と議会の関係		Ⓐ			ⒶⒸ	Ⓑ	ⒶⒷ			Ⓐ
	公務員の権利・義務		Ⓑ								
行政作用法	行政手続法	ⒷⒸ		ⒷⒸ	ⒶⒷ区	ⒶⒷ区	Ⓒ	ⒷⒸ	ⒶⒸ	Ⓒ	Ⓑ
	仕組み，処分・届出，改正					Ⓒ					
	行政指導		ⒷⒸ	Ⓐ				区	Ⓑ		Ⓐ
	情報公開法・個人情報保護法		Ⓑ区		ⒶⒸ		Ⓑ	Ⓐ	Ⓒ		Ⓑ
	新しい行政手法										
	行政計画										
	行政立法	区		区					区	Ⓑ	
	行政行為						Ⓐ区		Ⓒ区		Ⓒ
	行政行為の附款				区			区		Ⓐ	区
	行政行為の効力		ⒶⒸ	区		Ⓑ	区				
	行政行為と裁量			Ⓐ		区	Ⓑ				
	行政行為の瑕疵	区				Ⓐ区		区			
	行政行為の取消しと撤回		区					ⒶⒸ		ⒶⒷ区	
	行政上の義務履行確保手段	Ⓒ	Ⓐ	Ⓑ			区	Ⓑ	Ⓐ区	Ⓒ	ⒶⒷ
	行政上の強制執行			区			ⒶⒸ				Ⓒ
	行政上の即時執行										
	行政罰	Ⓒ区									
	新しい行政手法										
	行政契約	Ⓑ								Ⓐ区	
行政救済法	損失補償			区	Ⓑ	区		区		区	区
	国家賠償法	Ⓒ	ⒶⒷ区		ⒶⒸ	ⒶⒷ	Ⓒ	Ⓑ	区	Ⓐ	Ⓒ
	1条	ⒶⒷ		Ⓒ	区		ⒶⒷ	Ⓒ	ⒶⒷ	ⒷⒸ	Ⓐ
	2条	区	Ⓒ	ⒶⒷⒸ		Ⓒ	区	Ⓐ	Ⓒ		Ⓑ
	行政上の不服申立て		区		ⒶⒷ	区	Ⓑ	Ⓒ	Ⓐ	ⒷⒸ	Ⓐ
	苦情処理、オンブズマン										区
	行政事件訴訟の種別	Ⓑ区	ⒶⒷ	Ⓐ	Ⓒ区	ⒷⒸ		ⒶⒷ	ⒶⒷⒷⒸ	Ⓑ	ⒷⒸ区
	抗告訴訟	ⒷⒸ									
	取消訴訟の対象・訴訟要件	Ⓒ		Ⓒ		Ⓐ	区	区		区	Ⓐ
	取消訴訟の訴えの利益				Ⓑ		Ⓐ				
	仮の救済（執行停止）			区			Ⓒ		区		
	取消訴訟の判決の効力		Ⓒ								

市役所では出題が多い

最頻出テーマ

（Ⓐ＝Ａ日程，Ⓑ＝Ｂ日程，Ⓒ＝Ｃ日程，区＝特別区）

民法 傾向と対策

出題数		
A日程	B・C日程	特別区
5問	5問	5問

PART Ⅲ問題
専門試験
No.16～20

範囲が広く難解なため苦手とする人が多い科目

どんな問題が出るの?

民法は，市民社会における財産関係と家族関係を規律する法律で，総則・物権法・債権法・親族法・相続法の分野に分けられます。親族と相続を合わせて家族法と呼ぶ場合もあります。

試験科目としての民法は，条文の数も判例の数も多く，また，内容も細かく論理的に難しい分野も多いことから，習得するには時間がかかるという特徴があります。しかし，出題数が多いため，民法で得点できるようにしなければ合格は難しくなります。このため，民法は，法律科目の中で最も悩ましい科目であるといえるでしょう。

出題テーマの傾向は?

A日程・B日程・C日程の全体を通じて，総則の分野の権利能力・行為能力は，いつ出題されてもおかしくないテーマです。債権法の分野では連帯債務・保証債務が市役所では比較的多く出題されています。

B日程・C日程では，物権法の分野のうち，物権変動と対抗要件が比較的よく出題されていました。B日程では近年親族・相続法からの出題がほとんどなくなっている点も気になるところです。

特別区では，担保物権の種類と効力がよく出ています。その他で特徴的なところは，地上権に関する出題が数年おきにある点，親族・相続法に関する出題がほぼ毎年ある点が挙げられるでしょう。

学習のポイント

範囲が広く難解な民法においては，特に効率的な学習法が必要となります。

まずは，具体的なイメージを持ちやすい分野である，所有権，売買契約，不法行為などのテーマを先に学習するとよいでしょう。また，他の科目と同様に，頻出の過去問の知識を優先的に押さえていくべきです。

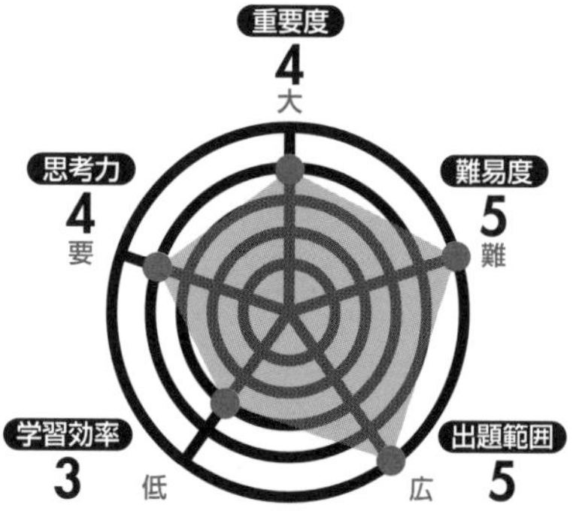

民法　過去10年間の出題テーマ

出題箇所		年度 25	26	27	28	29	30	元	2	3	4
民法総則	権利能力・行為能力	Ⓒ		Ⓒ区		ⒶⒷⒸ		Ⓒ		ⒶⒸ区	Ⓑ
	法律行為の要件・効力				Ⓑ				Ⓑ		
	意思表示	Ⓒ		区	Ⓐ		区		Ⓐ	Ⓐ区	
	失踪宣告		区					区			
	代理	Ⓐ	Ⓑ		Ⓒ区			Ⓑ区	Ⓒ		Ⓐ区
	法人	区		Ⓑ			区				
	無効・取消し，条件・期限・期間	Ⓑ区		Ⓐ	区	区	Ⓑ		Ⓐ	Ⓑ	区
	時効		Ⓒ区			区		Ⓐ	Ⓒ		
物権法	物権法	Ⓒ区	Ⓐ			Ⓑ	Ⓑ区		区	Ⓒ	
	占有			区	Ⓑ	Ⓒ	区		Ⓐ	ⒶⒸ区	ⒶⒷ
	所有権		区区	Ⓐ		Ⓒ		Ⓐ区			Ⓒ
	地上権	区			区				区	Ⓐ区	区
	物権変動と対抗要件	Ⓑ	Ⓒ		区		Ⓐ				
	動産物権変動と即時取得					区		区	区		
	共有				Ⓐ	区		Ⓑ			区
	担保物権の種類と効力	区	区	Ⓒ区区	Ⓒ	区	Ⓐ	Ⓒ区	区		Ⓑ
	質権		Ⓑ	Ⓒ		Ⓐ			区		
	抵当権	Ⓐ	Ⓐ	ⒷⒸ	区		区		Ⓑ		区
債権法	債務不履行と損害賠償請求	ⒶⒷ		ⒶⒸ区	ⒶⒷ	ⒷⒸ	区区		Ⓑ	Ⓒ区区	
	債権者代位権・詐害行為取消権	区				区				区	Ⓑ
	弁済・相殺		ⒶⒷ区	区	区		区	Ⓐ区	区	区	
	連帯債務・保証債務	区	Ⓒ区	Ⓑ	区	Ⓒ区		Ⓒ区	区		区
	債権譲渡・債務引受け				Ⓒ	Ⓐ					ⒶⒸ区
	契約総論	区		Ⓒ	Ⓑ区		Ⓐ		Ⓑ		Ⓒ
	契約各論			ⒶⒷ区	Ⓐ		Ⓑ		Ⓒ	Ⓒ	
	賃貸借		Ⓒ	Ⓑ	区		Ⓒ	Ⓑ	Ⓒ区		
	贈与	区				Ⓐ区	Ⓐ	区			
	請負			区				区			Ⓐ
	売買	Ⓑ	Ⓐ	区		Ⓑ				区	
	委任		Ⓑ								
	雇用									Ⓑ	
	事務管理・不当利得		区				区		Ⓐ区		Ⓒ区
	不法行為	ⒶⒸ	区		Ⓒ	区		Ⓐ		Ⓑ	区
親族・相続法	婚姻の成立要件と効力・離婚				区			Ⓑ	区		Ⓒ
	親子関係	Ⓐ		区					Ⓒ	Ⓑ区	Ⓐ
	相続人と法定相続分・遺言	Ⓒ区	区			Ⓑ区	区	区	ⒶⒷ	Ⓒ	Ⓑ区

市役所では頻出

特別区での出題が多い

（Ⓐ＝A日程，Ⓑ＝B日程，Ⓒ＝C日程，区＝特別区）

経済原論 傾向と対策

出題数		
A日程	B・C日程	特別区
11問	11問	10問

PART Ⅲ問題
専門試験
No.21～30

初級・入門レベルのテキストを読破しておくと有利

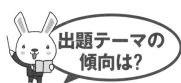

どんな問題が出るの?

大学の経済学部1・2年生向けのミクロ経済学・マクロ経済学の内容にほぼ対応しています。政策がらみの出題も見受けられますが，初級・入門書レベルの内容であり，奇抜な問題はほとんど見受けられません。

計算問題も時折出題されますが，ごく平易な内容のものに限られています。

出題テーマの傾向は?

A日程では，ミクロ経済学とマクロ経済学からほぼ同数の出題がされています。市場経済のメカニズムやミクロ経済分析の進展といった大テーマ単位で見ると周期性が見られ，小テーマ単位では2～3年単位で出題が続くといった特徴も見られます。なお，**地方上級全国型**では経済原論の出題数は9問となっていて，代わりに**経営学**が2問出題されるので注意が必要です。

B日程では，ミクロ経済学とマクロ経済学からおおむねバランスよく出題されています。ミクロ経済学では，出題比重が生産者行動の理論から市場経済のメカニズムへ移るような様相も見受けられるので，要注意です。

C日程では，消費者行動の理論とマクロ経済分析の進展で周期性が見られるものの，総じて基本テーマからまんべんなく，典型的な問題が出題されています。

特別区も，基本テーマからまんべんなく出題されている様子ですが，比較的生産者行動の理論からの出題が多い傾向があります。

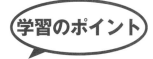

学習のポイント

ミクロ経済学，マクロ経済学ともに，初級・入門レベルのテキストからの抜粋のような問題が多く，経済学部の学生ならば定期試験で見たような問題もあります。よって，両科目で定評ある初級・入門レベルのテキストを1冊ずつ選び，丁寧に読み込むことを勧めます。

また，出題パターンはある程度決まっているので，多くの過去問に取り組んで問題慣れし，解法パターンを習得しておくとよいでしょう。

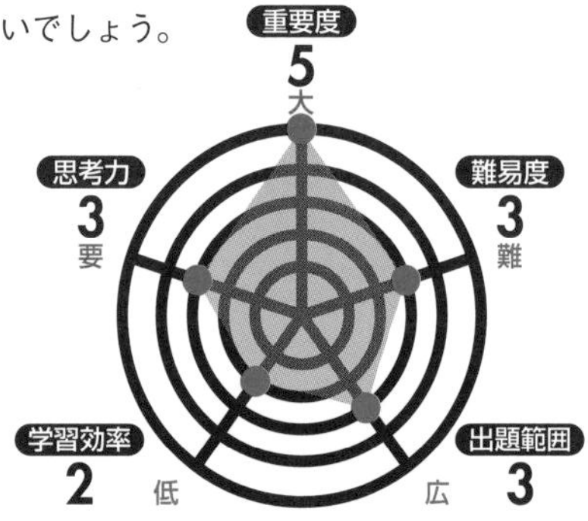

経済原論　過去10年間の出題テーマ

※令和元・２年度は一部の問題の出題テーマが不明だったため，数が少なくなっています。

	出題箇所　年度	25	26	27	28	29	30	元	2	3	4
市場経済のメカニズム	分業と比較優位	ⒶⒷ	ⒶⒷ区	Ⓐ	Ⓑ区		Ⓑ区			ⒶⒸ	
	市場均衡・不均衡と調整メカニズム			区		Ⓒ区	区				
	弾力性	ⒶⒸ区	ⒶⒶⒷ	Ⓒ	Ⓑ	Ⓑ		ⒶⒸ区	ⒶⒷ	Ⓐ	Ⓑ
	余剰分析	ⒷⒸ区	Ⓐ区		ⒷⒸ区	ⒶⒷ	ⒶⒸ	区		区	ⒶⒷⒸ
	市場の失敗	Ⓐ区		ⒶⒸ区	ⒶⒶⒸⒸ	Ⓑ	ⒶⒶ	ⒶⒷⒷ	Ⓑ	Ⓐ	区
	需要曲線と供給曲線	Ⓐ	Ⓐ	ⒶⒷ	Ⓐ	Ⓑ					
消費者行動の理論	無差別曲線		Ⓒ		ⒶⒸ	区	Ⓒ				
	消費者の最適選択	ⒶⒶⒷ		区		ⒶⒸ		Ⓑ	Ⓐ区	Ⓒ	区
	所得の変化と価格の変化		ⒷⒸ区		Ⓐ		Ⓒ				区
	代替効果と所得効果への分解	Ⓑ区							Ⓐ	区	
	消費者行動理論の応用		Ⓑ				Ⓐ区		Ⓒ区		Ⓑ
	その他		Ⓐ				ⒶⒷⒸ		区	Ⓒ	区
生産者行動の理論	完全競争企業の行動	Ⓒ区	区	区		Ⓐ区	ⒷⒸ	Ⓑ区		Ⓒ区	Ⓐ
	損益分岐点と操業停止点		Ⓑ区		Ⓑ区		区	Ⓐ	Ⓐ区	Ⓐ	
	独占企業の行動	ⒷⒸ区	Ⓑ区	ⒶⒷⒸ	Ⓐ区	Ⓐ区		区		区区	Ⓐ
	価格差別・独占的競争・自然独占		Ⓐ	Ⓐ							
	複占・寡占			区		区	区		区		
	その他		ⒷⒸ	Ⓑ	Ⓒ	ⒸⒸ	ⒶⒷ	Ⓑ	Ⓑ	ⒷⒸ	ⒶⒷ
ミクロ経済分析の進展	エッジワース・ボックスとパレート最適		区	Ⓑ			Ⓑ	Ⓐ			
	ローレンツ曲線・ジニ係数		Ⓐ								
	ゲームの理論	ⒶⒷ		Ⓑ	Ⓑ区	Ⓑ		Ⓐ			Ⓐ区
	不確実性と情報	Ⓑ		Ⓒ		ⒶⒸ		Ⓒ区			
	期待効用		Ⓒ			Ⓑ				Ⓐ	Ⓐ
マクロ経済学の基礎	４市場の均衡条件	区									
	古典派経済学		Ⓒ								
	45度線モデル	Ⓒ	区					Ⓒ		区	
	乗数効果	Ⓐ	区						Ⓒ	Ⓒ区	
	政府部門と海外部門			ⒶⒷ	区		区		Ⓑ	Ⓐ	ⒷⒸ
ケインジアンの静学マクロ・モデル	*IS-LM*モデル	ⒶⒷ		Ⓒ	Ⓐ		ⒶⒷⒸ区	Ⓑ	区	ⒶⒷ区	Ⓐ区
	*IS-LM*モデルと財政・金融政策	ⒷⒸ		ⒶⒷ区	ⒶⒷⒸ	ⒶⒸ	ⒶⒶⒸ	Ⓑ	Ⓑ	ⒷⒸ区	ⒷⒸ
	*AD-AS*モデル		区	Ⓒ区		Ⓐ	区	区	区		
	マンデル＝フレミング・モデル	区	ⒶⒸ	ⒶⒷ		Ⓒ区				Ⓐ区	
マクロ経済分析の進展	*UV*曲線・労働市場	ⒷⒸ	ⒷⒸ	Ⓑ	Ⓐ	区		Ⓒ		Ⓐ	Ⓐ
	フィリップス曲線	区		Ⓒ		Ⓒ		Ⓒ区			
	インフレ供給曲線・インフレ需要曲線	Ⓐ	Ⓒ	Ⓒ	区	区			Ⓑ		Ⓒ区
	消費関数	Ⓐ	区	ⒶⒸ	区	Ⓒ		区		Ⓑ	
	投資関数	区	Ⓒ	Ⓒ	Ⓒ	Ⓐ区	Ⓐ	区	区		
	貨幣供給・貨幣需要	Ⓒ区	ⒷⒸ	Ⓑ	ⒷⒸ区	ⒶⒸ				Ⓒ	Ⓑ
	その他		Ⓐ		Ⓐ			ⒶⒷ	ⒷⒷ	Ⓑ	ⒶⒷⒸ
長期の分析と国民経済計算	景気循環・経済成長論			ⒶⒷ区	ⒷⒸ	Ⓑ区	ⒷⒸ区	Ⓒ区	Ⓐ区	Ⓑ	Ⓒ区
	産業連関分析				区						区
	国民経済計算	ⒶⒷⒸ	Ⓑ区	ⒶⒷ	ⒶⒷⒸ	Ⓐ	ⒶⒷⒸ区	ⒶⒶⒸ	ⒶⒷ区		ⒶⒷ
	物価指数		Ⓒ		Ⓒ			ⒶⒷ		Ⓒ	
経済政策		Ⓒ	Ⓑ		Ⓑ区	ⒶⒷ	ⒷⒸ	Ⓒ		Ⓑ	Ⓒ
経済事情					Ⓑ	ⒷⒷⒸ	ⒷⒷⒸ	ⒷⒷⒸⒸⒸ		Ⓑ	ⒷⒸ

必ず正答したいテーマ

（Ⓐ＝Ａ日程，Ⓑ＝Ｂ日程，Ⓒ＝Ｃ日程，区＝特別区）

財政学 傾向と対策

出題数		
A日程	B・C日程	特別区
3問	3問	5問

PARTⅢ問題
専門試験
No.31～33

経済原論の学習内容とほぼ重複 地方財政は念入りに

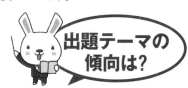

どんな問題が出るの?

国や地方政府など公共部門の経済活動を見る財政学からの出題は，財政の役割と制度，歳入面（租税，公債など），歳出面（財政政策など）に分類できます。また，制度問題，理論問題そして事情問題に分類して見ると，理論問題の多くは経済原論（ミクロ経済学，マクロ経済学）と同等レベル，制度問題と事情問題はほぼ大学の一般教養レベルです。

出題テーマの傾向は?

A日程では，租税からの出題を中軸にして，公債・財政政策・地方財政から補完的に出題されているようです。租税からの出題はミクロ経済学をベースにしたものが多く，地方財政が比較的短い周期で出題されています。

B日程では，時事的な話題に応じて，租税，公債，財政政策および地方財政の中から特定のテーマに集中して出題される傾向が見られます。そうした中，近年では，租税原則と課税の効果や公共財といったミクロ経済学ベースの出題が多く，近年の公務員試験の特徴が表れています。

C日程は，おおむね２年周期で移り変わっているように見受けられます。ただし，ミクロ経済学をベースにした理論問題と事情問題がセットで出題されるという傾向は他の日程と同様の傾向です。

特別区については，財政の役割と制度からの出題が多くなっており，他試験と比べるとマクロ経済学の知識を問われることが多い印象です。

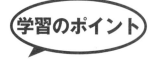

学習のポイント

一見すると，出題範囲が広く，暗記すべき事項も多いようですが，実はそうでもありません。経済原論での学習事項を読み替えただけの部分が多く，国と地方の財政制度は基本的に同じだからです。したがって，まずは経済原論をしっかりと押さえ，財政学の試験対策では，国の財政制度と財政事情の学習に専念できる体制を整えるとよいでしょう。特に，地方政府の歳入・歳出に関する財政事情は要注意です。

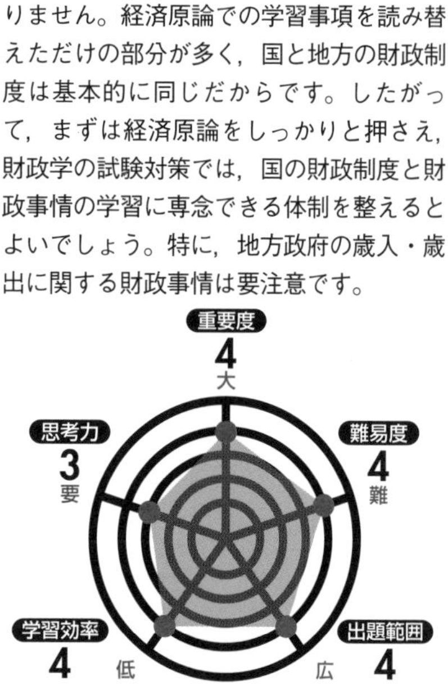

財政学　過去10年間の出題テーマ

出題箇所		年度 25	26	27	28	29	30	元	2	3	4
財政の役割と制度	財政の役割		区	区	B	B区		区	区		区
	予算制度	A	区	AC	区	A区	C区	A	A		C区
	歳入・歳出		A		C			B		BC	
租税	課税の効果	ABC	A区	A区	区	B区	C区	区		A区	B
	租税・補助金の余剰分析									区	
	日本の租税構造			区	区		B区	A	B		A区
	日本の税制・税制改革	AB	C	C	BC	AC		BC	ABC	C区	C
公債	公債の発行	B	AC		区	区	BC			B	A
	公債の経済効果	区			A						B区
財政政策	公共財	B区				C	A区	C	区	A	
	社会保障	区	B					区			
	フィスカル・ポリシー		区		区	区					
予算事情	財政史		B	B					区		区
	一般会計予算	BC区	B	B	C					区	
	国際比較										
地方財政	地方自治体の役割								区		
	国と地方の財政関係	C区	ⒶC	ⒶC	ⒶC		Ⓐ	ⒶC区	区	ⒶC	Ⓐ
	地方政府の歳入・歳出	区	区	B区		Ⓐ	B区	B	ⒶC	B区	C
	財政事情				AB	BC	A		BC		B

市役所の頻出テーマ

（A＝A日程，B＝B日程，C＝C日程，区＝特別区）

社会政策 傾向と対策

A日程	B・C日程	特別区
3問	3問	0問

出題数

PART Ⅲ問題
専門試験
No.34～36

労働と社会保障の2分野からなる

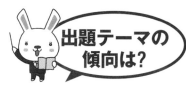

どんな問題が出るの?

社会政策は，大きく「労働」と「社会保障」の2分野からなります。多くの人にとってなじみのない科目名だと思いますが，実は身近で生活に密着した知識を問うような問題が出ます。

出題テーマの傾向は?

A日程は，幅広いテーマからまんべんなく出題されています。同じテーマを比較的近い時期に2回続けて出す傾向が見られます。

B日程では，職業訓練についての出題が定期的にあります。また，医療保険の出題頻度が高くなっています。

C日程では，年金保険の出題頻度が高くなっています。社会保障の歴史も数年おきに複数回の出題実績があります。

このほか，どの試験でもコンスタントに出題例があるのが，介護保険と医療・福祉，雇用・失業政策・職業訓練です。

なお，**特別区**では，社会政策の問題は出題されません。

学習のポイント

まず，どの試験にも頻出の介護保険，医療・福祉，雇用・失業政策・職業訓練について学習し，その後，出題タイプ別の頻出テーマに取り組みましょう。

社会保障分野については，まず各制度の仕組みを知ることが肝要です。また，年金，医療，介護の3保険と，障害者福祉制度については，ここ数年の間に制度改正（法改正）があったので，改正内容を知る必要もあります。

社会政策は，生のデータや近時の話題を扱うことが多いため，模擬試験とともに『速攻の時事』などの時事対策本も上手に活用しましょう。

社会政策　過去10年間の出題テーマ

最頻出テーマ（雇用・失業政策・職業訓練）

B日程の出題が多い（社会保障：第二次世界大戦後の社会保障～介護保険）

出題箇所		年度 25	26	27	28	29	30	元	2	3	4
社会政策総論							Ⓐ				
社会政策史											
労働政策	第二次世界大戦後の労働政策										
労働政策	雇用・失業政策・職業訓練	ⒷⒸ	ⒶⒶⒷⒷⒸⒸ	ⒶⒸ		ⒶⒷⒸ	ⒶⒷⒸ	Ⓑ	ⒶⒶⒷ	ⒶⒷ	Ⓑ
労働政策	労働基準政策	Ⓐ	Ⓑ		Ⓑ	Ⓒ	Ⓒ				Ⓒ
労働政策	労使関係政策										
労働政策	外国の労働事情		Ⓑ								
労働政策	女性の活躍推進						Ⓑ	Ⓒ	Ⓑ	Ⓒ	Ⓐ
労働経済理論	完全雇用と完全失業										
労働経済理論	賃金と労働時間の決定				Ⓐ					Ⓒ	
社会保障	第二次世界大戦後の社会保障										
社会保障	年金	Ⓒ		ⒶⒷⒸ			Ⓐ	Ⓒ	Ⓐ	ⒷⒸ	
社会保障	生活保護	ⒶⒷ	Ⓐ	Ⓑ	ⒶⒸ	ⒶⒸ	Ⓑ	Ⓑ	Ⓒ	Ⓐ	ⒷⒸ
社会保障	社会手当					Ⓐ					
社会保障	医療保険・老人保健		Ⓒ	ⒶⒷ	Ⓐ	ⒷⒸ		ⒶⒸ	Ⓑ		ⒶⒸ
社会保障	医療・福祉サービス			Ⓐ	ⒷⒸ	Ⓑ	Ⓒ				
社会保障	介護保険	Ⓐ		ⒶⒷⒸ	Ⓑ			ⒶⒷ	Ⓒ	Ⓐ	Ⓑ
社会保障	障害者								Ⓒ		Ⓐ
社会保障	少子高齢化							Ⓐ			
社会保障	人口動向	Ⓒ			Ⓒ	ⒷⒸ					

（Ⓐ＝A日程，Ⓑ＝B日程，Ⓒ＝C日程）

国際関係 傾向と対策

出題数		
A日程	B・C日程	特別区
4問	4問	0問

PART Ⅲ問題
専門試験 No.37～40

国際社会の潮流や動向が問われる

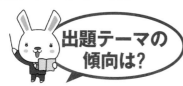

どんな問題が出るの？

高校で学習する「政治・経済」や「公民」と「世界史」および「日本史」が付け加わった科目といえます。世界史では，近現代，特に第一次世界大戦前後から現在まで，日本史では，明治維新以後の出来事が出題対象となることが多いです。

出題テーマの傾向は？

出題されるテーマは，①国際法や国際関係の理論的な基礎知識，②国際機構，③国際関係の歴史，④国際経済，⑤国際社会全体にかかわる問題，の５分野から出題されますが，特に①②③の分野は頻出です。

①は，主権国家としての要件や領土，領海に関するもの，特に排他的経済水域はねらわれることが多いテーマです。また国際関係の理論としては，勢力均衡や集団安全保障，現実主義，理想主義等の基本事項がよく出ます。②は国連の組織，機能，特に安全保障理事会の役割が紛争とからめて問われます。地域機構として出題が多いのがEU，次いでASEANです。③は冷戦史が中心で，国際政治上の重要事件や米ソ間の主要事項，それに歴代大統領の実績，サミットの内容が繰り返し出題されています。④は経済に関する国際合意やエネルギー，為替問題，EPA／FTAの締結状況等が主な出題テーマです。⑤は特に地球環境と人権問題が重要です。

なお，**特別区**では，国際関係の問題は出題されません。

学習のポイント

国際情勢や歴史，経済と幅の広い科目ですが，難しい理論は問われません。出題の範囲が広いからといって，むやみに手を広げる必要はありません。高校の政治・経済や歴史（範囲は近現代史）の教科書を正確に理解すること，そして，新聞の国際面，政治面，経済面にこまめに目を通すことが最も効果的でかつ実戦的な学習法です。

国際関係　過去10年間の出題テーマ

出題箇所		年度 25	26	27	28	29	30	元	2	3	4
基本概念と基本理論	国家とその領域										
	国際法・条約				BC						A
	国際関係理論	AB	BC	A		A	A		AC	C	
国際機構	国際連合			AC		B	AB	AC	B	B	B
	国連の紛争解決活動	C	A						A	AB	
	欧州連合（EU）					BC					B
	地域機構			B		B		C			
国際関係の歴史	冷戦以前										B
	東西冷戦とその後		C		C	BC				C	
	軍縮・安全保障		A	B	A	B	C	B	BC	BC	AC
	アジア諸国と冷戦										
	日本外交史			C				B		B	BC
	民族紛争・地域事情		B			B	B		ABC		A
国際経済		C			A	B			C		C
国際社会の諸問題	環境									A	
	人権・難民	B			B	A	C		AB		AC
	宗教							A		AC	

歴史の知識が生かせるテーマ

（A＝A日程，B＝B日程，C＝C日程）

PART Ⅲ

キミは解けるか？

過去問の徹底研究

まずは108ページ以降の問題を，
時間を計りながら解いてみましょう。
過去問からピックアップした問題ばかりなので，
初めて見る人にとっては難しいと感じられるはずです。
だれもが初めは同じです。
重要なのは，解き終わってから復習をすることです。
ここでは，解答のコツ，選択肢別の難易度，
目標とすべき「理想解答時間」，
合格者ならどのくらい正答できるのかの目安になる「合格者正答率」
を示すので，
復習しながら目標とするレベルがわかります。

教養試験・専門試験って実際にどんな問題が出るの？

試験の感覚をつかもう！

108ページ以降の過去問を見てください！実力を試したい場合は模擬試験もできます！

□PARTⅢ掲載の過去問とは

PARTⅢの問題は，過去に市役所上級試験で実際に出題された問題がベースとなっています（時事的な内容の問題を除く）。繰り返し出されているテーマ，よく出る形式の問題をピックアップして，それを実際の試験に忠実な形で再現してありますので，おおまかにどんな問題がどのくらい出ているのかということがわかってもらえると思います。

問題を見ると「うわっ！難しそう！」と感じると思うけど，みんな最初はそう思うものなので気にしないでね！

□自分の今の実力を試したい方は…「模試形式」にチャレンジ！

PARTⅢの過去問は，教養試験と専門試験に分かれています。

教養試験と専門試験はそれぞれ「**五肢択一式**」という，5つの選択肢の中から1つだけ正しいものを選んでマークシートに記入するタイプの**問題が40問**並んでいて，**解答時間は120分（2時間）**となっています。これを実際の試験と同じように，キッチリと時間を計って解いてみてください。

解き終わったらPARTⅣで過去問模試の採点をして，実力を判定しましょう。おそらく最初は「時間も足りないし全然得点できない！」ということになるとは思いますが，これから学習を積めば正答率は確実に上がっていきますし，解答時間も大幅に短縮できるようになっていきます。

「模試形式」は，もちろんある程度学習が進んでからチャレンジしてもかまいません。

□最初から解けなくても大丈夫！「徹底研究」を見て傾向と対策を知ろう

108ページからの「徹底研究」では，以下のようにさまざまな観点から過去問を1問1問分析して，感触をつかめるようにしています。

まずはこの「徹底研究」を見てみて，「こういう問題はこうやって解くのか」「この問題を解くにはこういう知識が必要なのか」というところを確認してみてください。

次ページからの「徹底研究」について

この問題の特徴	出題の傾向や問題のテーマや形式についての説明
選択肢の難易度	難しい選択肢，ひっかかりやすい選択肢などをピックアップ
解答のコツ	正答を導くための考え方，基本となる知識などを説明
解説	選択肢の正答・誤答の根拠を説明
理想解答時間	この問題を解くうえで目標にすべき解答時間の目安
合格者正答率	合格者ならどのくらい正答できるかの目安

No.1

選挙制度

理想解答時間 3分

合格者正答率 90%

選挙制度に関する次の記述のうち，妥当なものはどれか。

定番の基本問題！

1 比例代表制は，政党の得票率に応じて議席が配分される制度であり，候補者が少ない小政党よりも大政党のほうが有利である。

2 イギリスやアメリカは比例代表制，ドイツは小選挙区制を採用している。

3 小選挙区制は，選挙区が小さくなるため選挙費用が抑えられるメリットがある一方，死票が多くなるというデメリットがある。

4 小選挙区比例代表並立制を採用しているわが国の衆議院議員選挙では，小選挙区と比例区での重複立候補は禁止されている。

5 わが国の衆議院議員選挙は，1994年に中選挙区比例代表並立制から小選挙区制に改められた。

この問題の特徴

選挙制度は，日本と海外の選挙制度と合わせると，出題が散見されます。近年の出題割合はそれほど高いとはいえませんが，基本的な内容でなおかつ伝統的によく出るテーマですので，十分な準備をしておくべきです。

正答率は，正答自体が基礎的なものであるため，初学者では40%程度でしょうが，受験時では90%程度になるでしょう。

選択肢の難易度

選択肢**1**と正答の選択肢**3**は，基礎知識を前提に現場思考で判断できるでしょう。選択肢**2**と**4**はやや細かめの知識です。選択肢**5**は基礎的な知識です。

解説

1× 誤り。比例代表制は，小選挙区制と比較して，死に票が少なく，得票率と議席がおおむね対応するので，小政党の候補者がより当選しやすい選挙制度である。

2× 誤り。イギリスの下院とアメリカの両院は小選挙区制，ドイツの下院は小選挙区比例代表併用制を採用している。

3◎ 正しい。本肢のとおりである。

4× 誤り。小選挙区と比例区での重複立候補は禁止されておらず，小選挙区で落選しても比例区で復活当選することができる。

5× 誤り。中選挙区制から小選挙区比例代表並立制に改められた。

正答 3

No.2

思想・良心の自由

理想解答時間 4分　合格者正答率 70%

憲法19条の規定する思想・良心の自由に関する次の記述のうち，誤っているものはどれか。

「誤っているもの」を選ぶことに注意！

1　公務員が憲法を否定する思想を有していたとしても，それが内心の領域にとどまる限り，そのことを理由に懲戒等の不利益を課すことは許されない。

2　国が将来の皇室のあり方を検討する資料とするために，国民に対して天皇制の支持・不支持についてのアンケート調査を行うことは，憲法19条に反し許されない。

3　単なる事実の知・不知のような人格形成活動に関連のない内心の活動には，思想・良心の自由の保障は及ばない。

4　他人の名誉を毀損した者に対して，謝罪広告を新聞等に掲載すべきことを加害者に命ずることは，謝罪の意思を有しない者に，その意思に反して謝罪を強制することになるので許されない。

5　企業者は，労働者の雇用にあたり，いかなる者をいかなる条件で雇い入れるかについて，原則として自由に決定でき，特定の思想・信条を有する者をそのゆえをもって雇い入れることを拒んでも，それを当然に違法とすることはできない。

この問題の特徴

思想・良心の自由は，繰り返し出題されています。憲法の多くある個別の人権規定の中では，出題割合が相対的に高くなっています。

正答率は，初学者で40%，受験時で70%程度であると推測できます。

選択肢の難易度

すべての選択肢が専門科目の憲法でよく出題されるのと同レベルの知識です。もっとも，知識が定着していなくても，「誤っているもの」を選ぶ本問では，正答の選択肢**4**の内容は，新聞や雑誌で現実に謝罪広告の記事を目にしたことがあれば，常識的に考えて誤りであると判断することもできるでしょう。

解説

1◎　正しい。内心にとどまる限りは，絶対的な保障を受ける。

2◎　正しい。本肢のようなアンケート調査は，思想・良心の自由の内容に含まれる沈黙の自由を侵害するものとして許されない。

3◎　正しい。人格形成活動に関連のない内心の活動まで保障の対象に含めると，思想・良心の自由の価値を希薄にして，その保障を軽くしてしまうからである。

4×　誤りなのでこれが正答となる。判例は，単に自体の真相を告白し陳謝の意を表明するにとどまる程度のものにあっては，裁判所が謝罪広告を強制したとしても思想・良心の自由の侵害とはいえないとする。

5◎　正しい。判例は，本肢のように判示している。

正答 4

No.3

需要曲線と供給曲線

理想解答時間 2分
合格者正答率 80%

次の図1～図3は，ある財の需要曲線（*D*）と供給曲線（*S*）を表している。このとき，次の記述ア～ウと図の組合せとして，妥当なものはどれか。

テクニックを使え！

ア：供給価格が需要価格を常に上回り，消費者の手の届かない財である。
イ：価格が上昇するほど供給量も需要量も増える財である。
ウ：供給量が需要量を常に上回る財である。

	図1	図2	図3
1	ア	イ	ウ
2	ア	ウ	イ
3	イ	ウ	ア
4	ウ	ア	イ
5	ウ	イ	ア

図1　図2　図3

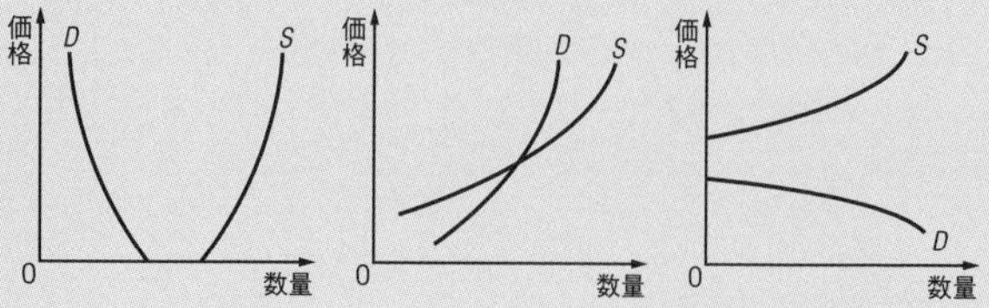

この問題の特徴

本問の知識は経済系科目にとって不可欠なものであり，教養試験・専門試験を通じて，毎年出題されているといっても過言ではありません。

最低2つの図を正確に読み取る必要があるため，初学者の正答率は30%程度でしょうが，受験時には100%正答できるようになりたい問題です。

解答のコツ

本問のように，図群の数と対応する説明文の数が一致しているような問題では，すべてについて検討する必要はありません。

本問の場合，供給曲線が常に需要曲線の右側にある図1と，供給曲線が常に需要曲線の上側にある図3が特徴的です。そして説明文の群を見ると，「常に」という文言が入っているものが2つあります。このことから，図2は「常に」という文言が入っていないイに対応することがわかり，選択肢**2**，**3**，**4**は誤りだということがわかります。

解説

図1＝ウ　供給曲線が常に需要曲線の右側にあるので，どんな価格でも供給量が常に需要量を超えている状況を表す。

図2＝イ　供給曲線と需要曲線ともに右上がりなので，価格が上昇するにつれて供給量と需要量がともに増える状況を表す。

図3＝ア　供給曲線が常に需要曲線の上方にあるので，供給価格が常に需要価格を超えている状況を表す。

よって，**5**が正答となる。

正答 5

教養試験
経済

No.4

2財を消費する個人の予算線

理想解答時間 2分 ｜ 合格者正答率 70%

消費者行動はよく出る！

図は，ある個人がX，Y財の2財を消費するときの予算線を表している。このとき，予算線の説明として妥当なものはどれか。

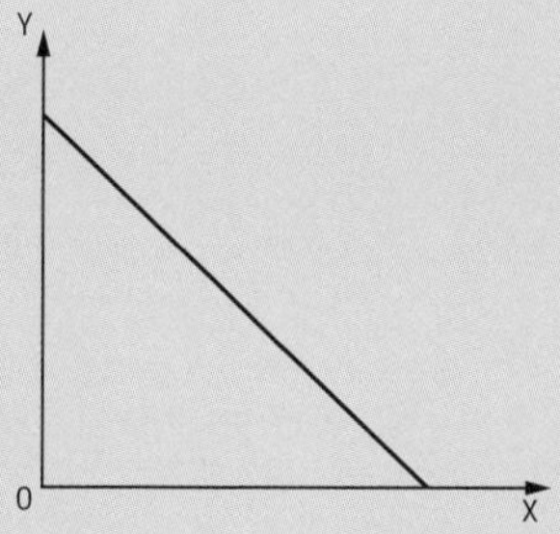

1　予算線の右上の点は購入可能である。

2　X財の価格が低下するとき，予算線は右上方に平行移動する。

3　X財の価格が上昇するとき，予算線の傾き（絶対値）が小さくなる。

4　Y財の価格が上昇するとき，予算線の傾き（絶対値）が大きくなる。

5　所得が増加するとき，予算線は右上方に平行移動する。

この問題の特徴

本問は，周期的に出題されている消費者行動からの問題です。

学習開始時点では，「予算線」の意味がわからない人もいるでしょうから，正答できる人は20%に達しないかもしれません。しかし，頻出テーマである消費者理論では不可欠な道具なので，受験時には100%正答できるようになりましょう。

解答のコツ

平易な問題ほど，犯す確率が高まるのがケアレスミスです。ですから，平易な問題では，後で見直さなくてもよいように，確実に確認作業を行う癖をつけるようにしましょう。もちろん，これだという選択肢がある場合には，その選択肢から確認するのも一つの方法です。

解説

1×　誤り。購入可能なのは予算線上とその左下の点である。

2×　誤り。X財の価格が低下すると，予算線の傾き（絶対値）が小さくなる。

3×　誤り。X財の価格が上昇すると，予算線の傾き（絶対値）が大きくなる。

4×　誤り。Y財の価格が上昇すると，予算線の傾き（絶対値）が小さくなる。

5◎　正しい。

正答 5

No.5

ICT関連の用語

理想解答時間 2分
合格者正答率 70%

ICT（情報通信技術）に関する次の記述のうち，妥当なものはどれか。

最新の政策関連用語には要注意！

1　FinTechとは，フィンランド発祥の非接触型ICカードの通信技術であり，交通機関の運賃など小額の電子決済サービスで利用が進んでいる。

2　IoTとは，グループやチーム内の情報をリアルタイムにメンバー間で共有するための技術をさし，シェアリングエコノミー実現のためのキーワードとなっている。

3　いわゆるビッグデータについては，個人を特定できないように加工すれば，病歴などの情報であっても本人の同意を得ずに第三者に提供できるようになった。

4　国の第5期科学技術基本計画では，サイバー空間とフィジカル空間が情報を媒介して高度に融合した超スマート社会をさして「Society5.0」と呼んでいる。

5　AR技術は急速に進歩しているため，ある予測では2025年には人工知能の能力が全人類の知能を超越する技術的特異点（シンギュラリティ）が訪れるとされている。

この問題の特徴

情報通信技術に関する文章の正誤を問う時事性の強い問題です。新教養試験では「ICTなどの題材から出題する」と名指しされているテーマでもあるので，しっかりとした対策をしておく必要があります。

選択肢の難易度

選択肢の**1・2・5**については基本的な用語の説明が主なので比較的易しめですが，選択肢**3・4**については，最新の法改正や国の施策が絡んでいるので，ある程度の知識がないと正誤判断は難しいでしょう。

解説

1×　誤り。FinTechとはFinance（金融）とTechnology（技術）を組み合わせた造語で，スマートフォン等を通じて行われる革新的な金融サービスをさす。

2×　誤り。IoTは「Internet of Things」の頭文字で，身の周りのあらゆるモノがインターネットにつながる仕組みのこと。

3×　誤り。個人情報保護法の改正によって，匿名加工情報については本人の同意を得ない第三者提供が認められたが，病歴などの要配慮個人情報については同意のない第三者提供は禁止されている。

4◎　正しい。「Society5.0」は狩猟社会，農耕社会，工業社会，情報社会に続く新たな社会という意味。

5×　誤り。AI（人工知能）に関する記述になっている。AIの進歩におけるシンギュラリティは2045年に訪れるとされており「2045年問題」とも呼ばれている。なお，ARは拡張現実をさす。

正答 4

No.6

社会保障

理想解答時間 2分
合格者正答率 60%

わが国の社会保障に関する次の記述のうち，妥当なものはどれか。

近年の
制度変更や
大まかな傾向を
押さえよう！

1 若い世代における結婚，子供の数に関する希望がかなうとした場合に想定される出生率として，政府は「希望出生率1.8」の実現を少子化対策の目標に掲げている。

2 わが国の死因別死亡数の推移をみると，死因の上位は順に悪性新生物（がん），心疾患，脳血管疾患となっており，ここ10年あまり順位の変動はみられない。

3 2018年6月に働き方改革関連法が成立したが，同一労働同一賃金の原則のもとでの非正規雇用の処遇改善が優先され，長時間労働の是正を図る残業規制は盛り込まれなかった。

4 2017年の育児・介護休業法の改正によって，育児休業期間は子が1歳6か月になるまでが上限であったものが，原則2歳までに延長された。

5 2017年の法改正によって，厚生年金加入者については，加入者自身が掛け金を運用し，その結果に応じて受け取る年金額が決まる確定拠出年金にも加入できるようになった。

この問題の特徴

社会保障関連の知識を問う問題です。社会の動きを示す統計や政府の諸政策が出題の対象となっていますが，一般常識的なレベルからは一歩踏み込んだ内容が多くなっています。

選択肢の難易度

ニュース等で知識を得ていれば，選択肢**2・3・4**の記述には違和感を覚えるかもしれません。しかしながら，選択肢**1・5**については時事対策をしていないと判断が難しいと思われることから，正答率はそれほど高くはないでしょう。

解説

1◎　正しい。

2×　誤り。高齢化の進展により，2017年以降は死因の第3位は老衰となっている。

3×　誤り。働き方改革関連法には，罰則つきの残業規制も盛り込まれている。

4×　誤り。育児休業の期間は原則1年間であるが，保育所に入れない場合などに1年まで延長ができるようになった。

5×　誤り。確定拠出年金には基本的に20歳以上60歳未満のすべての者が加入できるようになった。個人型確定拠出年金の愛称は「iDeCo」である。

正答 1

No.7

環境問題

理想解答時間 2分　合格者正答率 80%

注目度の高い最頻出テーマ！

環境問題に関する次の記述のうち，妥当なものはどれか。

1 2016年に開かれた伊勢志摩サミットにおいて，経済・社会・環境の３側面をバランスよく発展させていくための持続可能な開発目標（SDGs）が採択された。

2 世界196か国が参加して温室効果ガス削減の新たな枠組みとなったパリ協定には２大排出国であるアメリカと中国は参加していない。

3 京都議定書は，発展途上国などで入手した生物の遺伝情報を利用した医薬品などの利益を提供国にも分配するルールをまとめたものである。

4 第４次循環型社会形成推進基本計画において，今後取組みの強化が図られるとされた「２Ｒ」とは，「リサイクル（再生利用）」と「リユース（再使用）」である。

5 グリーン経済とは，環境問題に伴うリスクと生態系の損失を軽減しながら，人間の生活の質を改善し社会の不平等を解消するための経済のあり方のことである。

この問題の特徴

環境関連の知識を問う問題です。日頃のニュース等に接していれば比較的解きやすい常識的な内容になっています。

選択肢の難易度

京都議定書やパリ協定については誤りの箇所がわかりやすいですし，サミット（主要国首脳会議）で開発目標が「採択」されることに疑問を持てれば，選択肢**4**と**5**の２択になります。

解説

1×　誤り。持続可能な開発目標（SDGs）が採択されたのは2015年に開かれた国連の首脳会議。

2×　誤り。2017年にアメリカはパリ協定からの離脱を発表したが，2021年に復帰している。また，中国は当初からパリ協定に参加している。

3×　誤り。生物多様性条約の名古屋議定書に関する内容である。京都議定書は気候変動枠組条約に基づく温室効果ガス排出削減についてのもの。

4×　誤り。近年のRecycle（再生利用）の進展を踏まえて，今後強化すべきなのはReuse（再使用）とReduce（発生抑制）の「２Ｒ」であるとした。

5◎　正しい。国連環境計画（UNEP）の報告書でそう定義されている。

正答 5

教養試験

社会

No.8

世界遺産

理想解答時間 2分

合格者正答率 70%

どの試験でも頻出のテーマ！

日本の世界遺産に関する次の記述のうち，妥当なものはどれか。

1 わが国からの世界遺産への登録は，2021年の北海道・北東北の縄文遺跡群に続き，2022年には奄美大島，徳之島，沖縄島北部及び西表島が選ばれ，2022年12月現在10年連続の登録となっている。

2 国内の世界遺産は，文化遺産としての登録が20件あるのに対して，自然遺産として登録されたものは知床や屋久島，富士山など5件にとどまっている。

3 2016年に登録されたル・コルビュジエの建築作品は，フランスを中心とした7か国に残る建築群が対象となっており，ヨーロッパだけでなく，日本やアルゼンチンなど大陸をまたぐ初の世界遺産登録となった。

4 現在，47都道府県のうちの26に世界遺産が存在するが，東京都にはいまだ世界遺産は存在していない。

5 わが国初の世界遺産登録は1993年であり，このとき登録されたのは古都京都の文化財と古都奈良の文化財の2つの文化遺産である。

この問題の特徴

世界遺産に関する問題は，どの試験でも頻出のテーマとなっています。日本の世界遺産の登録の歴史や遺産の内容構成などをざっくりと押さえておいてください。

選択肢の難易度

なんとなくニュースを聞きかじっている程度では太刀打ちできない内容になっています。特に近年の動向には要注意です。

解説

1× 誤り。新型コロナウイルス感染拡大によって2020年の世界遺産委員会の開催が延期となったため，2021年に2年分の審査が行われ，自然遺産として奄美大島，徳之島，沖縄島北部及び西表島と，文化遺産として北海道・北東北の縄文遺跡群が登録された。なお，2022年の世界遺産委員会はロシアのウクライナ侵攻によって開催延期となったため，2022年の登録はなかった。

2× 誤り。富士山は信仰の対象となったり芸術のモチーフとなったりしたことから自然遺産ではなく文化遺産として登録されている。

3◎ 正しい。建築物の所在地はフランス・ベルギー・スイス・ドイツ・アルゼンチン・インド・日本の7か国にわたる。

4× 誤り。東京都にある世界遺産としては，自然遺産として登録された小笠原諸島と，ル・コルビュジエの建築作品の国立西洋美術館本館がある。

5× 誤り。わが国初の世界遺産は，1993年に文化遺産として登録された法隆寺地域の仏教建造物，姫路城と，自然遺産として登録された屋久島，白神山地である。なお古都京都の文化財は1994年，古都奈良の文化財は1998年の登録である。

正答 3

No.9

GHQの政策

理想解答時間 1分　合格者正答率 50%

戦後史は要チェック

第二次世界大戦後のGHQ（連合国軍最高司令官総司令部）の政策に関する次の記述のうち，妥当なものの組合せはどれか。

ア　独占禁止法が制定された後，三井・三菱など15財閥の資産凍結と解体が行われた。
イ　自作農経営をめざして農地改革が行われた。
ウ　20歳以上の男女に参政権が与えられ，衆議院選挙で初の女性代議士が誕生した。
エ　労働基本権の確立と労働組合の結成支援が進められ，1947年には二・一ゼネストが実施された。
オ　教育の地方分権をめざして，学校教育法で都道府県，市町村に教育委員会が置かれた。

1　ア，イ
2　ア，エ
3　イ，ウ
4　イ，オ
5　ウ，エ

この問題の特徴

市役所A・B・C日程では戦後史の出題が非常に多くなっています。毎年あるいは2年に1度の割合で出題されているような状況です。GHQの民主化政策の流れを適切に理解しておきましょう。

選択肢の難易度

戦後直後にGHQが行った政策を年代順に覚えていないと，アの正誤判断はできません。独占禁止法と財閥解体の順番は重要です。

解答のコツ

戦後史では政治面だけでなく社会面として教育の自由主義化の過程も出題されています。1947年の教育基本法（男女共学・9年制の義務教育）と学校教育法（新学制）の違いは明確に覚えておきたい内容です。

解説

ア×　誤り。独占禁止法が制定されたのは1947年のことである。三井・三菱などの15財閥の資産凍結と解体が行われたのは1945年のことである。

イ○　正しい。自作農経営をめざし，1946年に第一次農地改革が，1947〜50年に第二次農地改革が行われた。

ウ○　正しい。1945年に20歳以上の男女に参政権が与えられ，翌年の衆議院選挙では初の女性代議士39名が誕生した。

エ×　誤り。1947年2月に予定された二・一ゼネストは戦後最大規模の労働闘争といわれるものであったが，1月31日にGHQから中止命令が出され，実施されなかった。

オ×　誤り。市町村に教育委員会を設置することを定めたのは，1948年の教育委員会法である。学校教育法は1947年に出されたもので，6・3・3・4の新学制が定められたものである。

よって，正しいのはイ，ウなので，**3**が正答である。

正答 3

No.10 法制史

理想解答時間 1分
合格者正答率 60%

各時代の法律に関する次の記述のうち，妥当なものはどれか。

各時代の法律を集めた問題

1 大宝律令・養老律令で律令制が整備され，中央には太政官と神祇官の二官が置かれ，神祇官の下に八省が設置された。地方は国・郡・里に分けられ，九州北部には大宰府が置かれた。

2 御成敗式目は鎌倉時代に制定された法律であるが，武家社会だけではなく，公家や農民にまで適用された。

3 承久の乱によって疲弊した御家人を救済するため，鎌倉幕府によって永仁の徳政令が発布され，御家人の所領の売買が禁じられ，すでに売買した所領や質入れした所領を御家人に戻すことが規定された。

4 分国法は喧嘩両成敗などの規定をとり入れた江戸時代の法令で，各藩ごとに大名に権力を集中させ，幕藩体制を維持させる目的で制定された。

5 武家諸法度は江戸幕府が大名を統制するために制定したもので，金地院崇伝が起草したが，将軍が替わるたびに修正されて発布された。

この問題の特徴

時代別で出題されやすい日本史ですが，各時代の法律を順番にまとめて問う法制史も出題されています。問われる内容は法律でも日本史上有名なものばかりです。

選択肢の難易度

1～5はいずれも各時代の根幹にかかわる重要な法律で，公務員試験の日本史でもよく出てくる定番の法律です。

解答のコツ

古代では，文武天皇の命令で701年に大宝律令が制定されましたが，その後元正天皇の時代の718年に藤原不比等らによって養老律令が編纂（へんさん）されましたが，これは大宝律令と大差がないものとされています。

中世の御成敗（ごせいばい）式目は日本で最初の武家法で，貞永式目とも呼ばれています。分国法で有名なものは伊達氏の『塵芥集（じんかいしゅう）』，武田氏の『甲州法度之次第』今川氏の『今川仮名目録』などです。

解説

1×　誤り。太政官（だじょうかん）と神祇官（じんぎかん）の二官のうち，太政官の下に八省が設置された。

2×　誤り。1232年に制定された御成敗式目は3代執権北条泰時によって制定された武家法であり，適用範囲は御家人で，公家や農民にまでは適用されなかった。

3×　誤り。1297年に発布された永仁の徳政令は，元寇（1274年の文永の役，1281年の弘安の役）で疲弊した御家人を救済するためのものである。

4×　誤り。分国法は喧嘩両成敗などの規定をとり入れた室町末期の戦国時代に戦国大名が領地支配のために出した法令である。

5◎　正しい。1615年に武家諸法度が制定された。

正答 5

No. 11

中国の王朝と制度

理想解答時間 1分　合格者正答率 60%

市役所世界史の頻出テーマ！

中国の各王朝に関する記述とその時代が一致しているものは，次のうちどれか。

1　南京で皇位に就いた洪武帝によって中書省が廃止され，税制度では両税法から一条鞭法に改められた。――隋

2　北朝の外戚であった楊堅が南朝の陳を倒して，建国した。官吏登用では科挙が，税制度では租庸調が行われた。南北を結ぶ大運河の建設なども行われたが，煬帝による高句麗遠征の失敗を機に衰退した。――唐後期

3　皇帝の玄宗に対し，節度使の安禄山と史思明が安史の乱を起こした。藩鎮が勢力を伸ばし，租庸調から両税法へ，府兵制から募兵制へと改められた。――唐前期

4　節度使の勢力を削減し，科挙官僚による統治を推進した。科挙では殿試が行われるようになり，政治家の王安石による新法は旧法党の反対があって成功しなかった。――宋

5　三省六部という律令体制で，李淵（高祖）が建国した。隋に続いて科挙が採用され，また，租庸調制・均田制・府兵制が行われた。――明

この問題の特徴

市役所Ａ・Ｂ日程ではアジア史の出題が比較的多くなっています。特に，中国王朝史は頻出テーマです。本問は隋，唐，宋，明に限ってその状況が問われています。官吏登用試験の科挙制，農民に課せられた税負担の租庸調制・均田制，銭納が始まった両税法，銀納の一条鞭法，府兵制から募兵制への兵制の転換など，紛らわしい内容が多い問題です。各王朝の政策面とそれにかかわった人物を正確に覚えておきましょう。

アジア史の出題形式はほとんどが「単純正誤形式」です。ヨーロッパ史よりもアジア史は暗記すべき内容がかなり限られているので，積極的に学習したいテーマです。

解答のコツ

唐前期と唐後期に分かれて問われているように，唐の前半と後半では，政策面をはじめとして社会面でも大きな違いが見られます。玄宗の失脚した安史の乱が一つの転換点です。

解説

1×　誤り。明に関する記述である。洪武帝は明の創始者で親政を開始し，中書省を廃止した。また，一条鞭法の税制を施した。

2×　誤り。隋に関する記述である。楊堅が南朝の陳を倒して建国したのは隋で，科挙制度を創設し，租庸調制度を行った。2代皇帝の煬帝は大運河建設を行い，高句麗遠征に失敗した。

3×　誤り。唐後期に関する記述である。安史の乱は755～763年に起こった反乱で，安禄山と史思明が玄宗を失脚させた。両税法，募兵制への転換期でもあった。

4◎　正しい。科挙で殿試が行われ，王安石による新法が行われたのは宋（北宋）の時代である。

5×　誤り。唐前期に関する記述である。唐の創始者の李淵は隋にならって三省六部，科挙制・租庸調制，均田制を整備し，府兵制をとり入れた。

正答 4

No. 12 ルネサンスが起こった背景

理想解答時間 1分　合格者正答率 50%

イタリアでルネサンスが起こった背景に関する次のア～オの記述のうち，正しいものの組合せはどれか。

時代の流れをくみとろう！

ア　教会を頂点とするこれまでの伝統的権威が動揺した時代の中で，新しい生き方を求めた人々が新しい文化を創造した。

イ　十字軍遠征の際，その輸送と補給に当たったイタリアの諸都市は経済が活性化され，多くの富を得ることができた。

ウ　貿易の中心が地中海から大西洋沿岸に移り，イタリアでは経済的な繁栄よりも，人間の内面を追求するヒューマニズムの考え方が主流になった。

エ　宗教改革を通じて，国王やローマ教皇の権威が失墜した結果，古代ギリシア・ローマの文化を見つめ直すことで，文芸を復興させる機運が生まれた。

オ　アジアへの新航路の開拓はスペイン，ポルトガルだけでなくイタリアにも影響を与え，特にイタリアでは，羅針盤や活版印刷が発明されるなど科学技術の分野でめざましい発展が見られた。

1　ア，イ　　**2**　ア，エ　　**3**　イ，ウ　　**4**　ウ，エ　　**5**　ア，オ

この問題の特徴

中世の実状を理解せずにはルネサンスの意義を把握することはできません。ルネサンスを中世社会と切り離すことなく，一連の流れとして理解したいところです。

選択肢の難易度

十字軍遠征や宗教改革，大航海時代の内容も含まれているので，ルネサンスだけの知識では対応できません。オの活版印刷の発明者まで押さえておく必要があり，やや難しいでしょう。

解答のコツ

中世はローマ・カトリック教会が頂点を極めた時代です。その流れで十字軍遠征がローマ教皇によって提唱されました。

解説

ア○　正しい。ローマ・カトリック教会の教皇を頂点とする伝統的な権威が動揺し，人間中心の価値観を求める文芸復興がルネサンスである。

イ○　正しい。ヴェネツィアなどのイタリアの諸都市が東方貿易で発展した。

ウ×　誤り。この頃の貿易の中心は地中海に面したイタリアであり，経済的な繁栄を背景に，人間の内面を追求するヒューマニズムの考え方が主流になった。

エ×　誤り。ローマ・カトリック教会のお膝元イタリアでは宗教改革が行われていない。宗教改革の起こったドイツ，スイス，イギリスに対抗するために，反宗教改革を行った。

オ×　誤り。活版印刷の発明はドイツのグーテンベルクによるものである。15世紀半ばのことである。

よって，正しいのはア，イなので，**1**が正答である。

正答 1

No.13

世界の石油

理想解答時間 1分

合格者正答率 60%

世界の石油に関する次の記述のうち，妥当なものはどれか。

よく出る石油関連問題！

1 OPECは，国際石油資本による原油価格の一方的引下げに対抗するため，産油国の私企業によって組織された。

2 中国は，東北地方の「ターチン」油田の開発以降，東・東南アジア有数の原油輸出国となった。

3 アメリカ合衆国には，内陸油田・メキシコ湾岸油田など多数の油田があり，最大の輸出品となっている。

4 ノルウェーは，北海油田から産油しており，輸出品の第１位は原油である。

5 カスピ海沿岸の油田開発は，ロシアやヨーロッパ諸国により行われてきたが，現在ではイギリスをはじめヨーロッパ諸国は，撤退し始めている。

この問題の特徴

市役所Ａ・Ｂ・Ｃ日程全体で産油国に関する出題は多くなっています。産油国といっても中東に限った問題ではなく，東・東南アジアやヨーロッパ，アメリカ合衆国まで幅広く問われています。有名な油田の場所を確認しておくことも大切です。

選択肢の難易度

2の中国の状況はやや難しい内容ですが，生産国，輸出国が必ずしも一致しない点に注意が必要です。

解答のコツ

主に中東の産油国を中心に構成されているOPECですが，南米のベネズエラやアフリカのナイジェリアなども加盟国です。カスピ海沿岸の油田としては，アゼルバイジャンのバクー油田，ロシア・チェチェンにまたがるグロズヌイ油田，カザフスタンのエンバ油田などがあります。

解説

1×　誤り。OPEC（石油輸出国機構）は1960年に設立された中東の主要産油国がアメリカ・イギリスなどの外国資本に対抗するため設立された組織で，石油政策を進め，石油価格の安定をめざしているが，近年は投機マネーに左右されている。

2×　誤り。中国は生産量は増えているが，輸出に限れば東・東南アジアで有数の原油輸出国はインドネシアとマレーシアである。

3×　誤り。アメリカ合衆国の最大の輸出品は機械類である。次いで自動車，石油製品の順になる。

4◎　正しい。ノルウェーの輸出品目の第１位は原油で，次いで天然ガス，機械類，石油製品の順となっている。

5×　誤り。カスピ海沿岸の油田は旧ソ連によって開発が行われてきた。

正答 4

No.14

世界の山脈

理想解答時間 1分

合格者正答率 60%

次の世界地図に示したア～オの山脈に関する記述として正しいものは，次のうちどれか。

名前と場所と周辺事情を押さえろ！

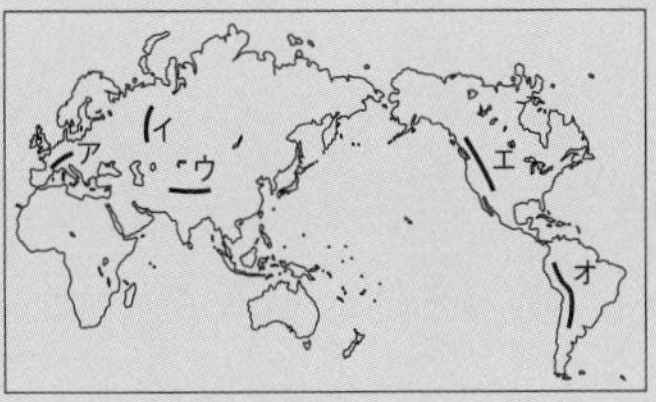

1　アの山脈はフランス，スイス，イタリア，オーストリアの国境に位置し，最高峰はアコンカグア山である。

2　イの山脈はヨーロッパとアジアの境に位置し，山脈の中部では，鉄鉱石などの鉱山資源が豊富である。

3　ウの山脈には標高9,000mを超えるチョモランマなどがあり，インド，ネパール，ブータン，パキスタン，中国の国境地帯に位置している。

4　エの山脈の東側には世界有数の穀倉地帯が広がっており，日本へ輸出する米や綿花の栽培が盛んである。

5　オの山脈の辺りには，あまり人が住んでいなかったが，近年，銀の採掘が盛んになってからは定住する人が増えた。

この問題の特徴

自然地理の分野では，山脈，平野，河川，特殊な地形などが出題されています。その際に，本問のように地図が掲載されて，場所を確認しながら問題を解くものがあります。本問はいずれも世界を代表する有名な山脈ばかりです。

選択肢の難易度

山脈の場所と同時に周辺の特色も押さえているかどうかが問われた問題です。**3**のチョモランマの標高はうろ覚えですと，間違いやすいです。

解答のコツ

アのアルプス山脈，ウのヒマラヤ山脈，エのロッキー山脈，オのアンデス山脈は新期造山帯，イのウラル山脈は古期造山帯。

解説

1×　誤り。アはアルプス山脈である。アコンカグア山はラテンアメリカのアンデス山脈中にある山である。

2◎　正しい。イはウラル山脈である。鉱山資源に恵まれたロシアの重要工業地帯となっている。

3×　誤り。ウはヒマラヤ山脈である。世界最高峰のチョモランマ（エベレスト）は標高8,848mで，9,000mを超えてはいない。

4×　誤り。エはロッキー山脈である。その東側には大平原のグレートプレーンズが広がっていて，ステップ気候を利用したトウモロコシ・小麦の栽培や牛の放牧が盛ん。

5×　誤り。オはアンデス山脈である。銀の採掘は植民地時代であり，近年ではチュキカマタ銅山などの銅，亜鉛などが産出されている。

正答 2

2次関数の最大・最小値

理想解答時間 3分　合格者正答率 70%

$x^2+y^2=1$を満たす実数x，yについて，$4x+y^2$の最大値をM，最小値をmとするとき，$M-m$の値を求めよ。

2次関数ははずせない！

1　5
2　6
3　7
4　8
5　9

この問題の特徴

市役所上級試験の数学において2次関数は頻出であり，はずすことはできません。しっかり学習しておきましょう。2次関数の中でも，頂点を求めて，グラフをかき，最大・最小を求める問題は基本的なものです。まずは，ここから始めましょう。しかし，この問題では，xの変域における条件がやや難しいので，ここであきらめてしまうことのないように。

2次関数といっても，やはり式の計算，因数分解，といったことは必要です。計算力，解法テクニックと段階をたどって，確実な力を付けていきましょう。

解答のコツ

$4x+y^2$に，$x^2+y^2=1$を変形して得られる　$y^2=1-x^2$を代入します。

$f(x)=-x^2+4x+1$

これが，平方完成できるかどうかがポイントとなるのでよく練習しておきたいところです。すると，グラフの概形がかけます。

次にxの変域について，$y^2=1-x^2 \geqq 0$より，$x^2-1 \leqq 0$の2次不等式を解くことになります。2次不等式はこうした形で使うことがあるので，計算練習しておく必要があります。不等号の向きに注意しましょう。xの変域が求められれば，最大値，最小値はxの値を$f(x)$に代入して求めることができます。

解説

$x^2+y^2=1$より，$y^2=1-x^2$…①

$4x+y^2$に①を代入して，$f(x)=-x^2+4x+1$

$f(x)=-(x^2-4x)+1$
$\quad=-\{(x-2)^2-4\}+1$
$\quad=-(x-2)^2+5$　頂点(2，5)

また①より　$y^2=1-x^2 \geqq 0$，$x^2-1 \leqq 0$
$(x+1)(x-1) \leqq 0$　より　$-1 \leqq x \leqq 1$…②

右のグラフより，

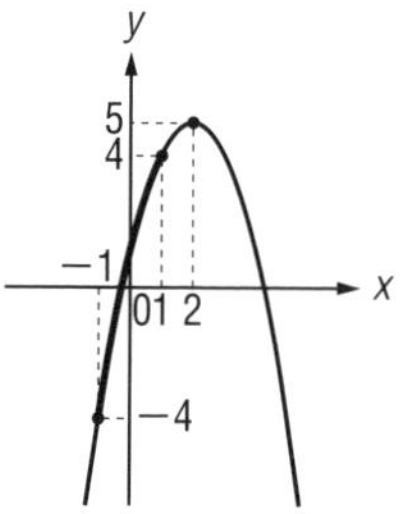

$M=f(1)$
$\quad=4$
$m=f(-1)$
$\quad=-4$
$\therefore M-m$
$\quad=4-(-4)$
$\quad=8$

よって，正答は**4**である。

正答 4

No.16

力のつりあい

理想解答時間 3分　合格者正答率 80%

次の図のように，重さ200Nの荷物に２本の綱を付け，２人の人が綱を背負って荷物を支えた。綱はどちらも水平方向と30度の角度をなしていたとすると，人は何Nの力で綱を引かなければならないか。ただし，綱の重さは無視してよいものとする。

1　200N
2　205N
3　210N
4　215N
5　220N

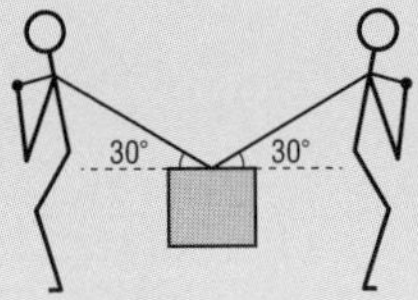

コツさえつかめれば得点源に

この問題の特徴

力のつりあいは，Ｂ日程・Ｃ日程で頻出で，力学の分野では重要テーマです。この問題でもそうですが，作図を要する場合が多く，練習しておかないといけません。さまざまなケースを想定して，いくつもの問題に当たっておくとよいでしょう。

計算では，三角比を使って処理をしますが，角度によっては簡単に対処できるものもあります。

学習し始めの頃は，何から手を付けてよいのかわからず，物理を捨てる人も少なくないですが，力のつりあいでは，まず作図。あせらずマスターしていきましょう。

解答のコツ

図中の綱の付け根の所点Ｏから，荷物に働く重力を矢印で表します。(長さは適当でよい)。次にこれと同一直線上に，反対向きで同じ長さをやはり綱の付け根から表します。そして，２人の綱の方向に分ける（分力）作図をします。このとき，平行四辺形をかきますが，この問題ではひし形となり，図より重力と同じ長さの一辺になることがわかるので，三角比の計算を用いなくても正答を求めることができます。

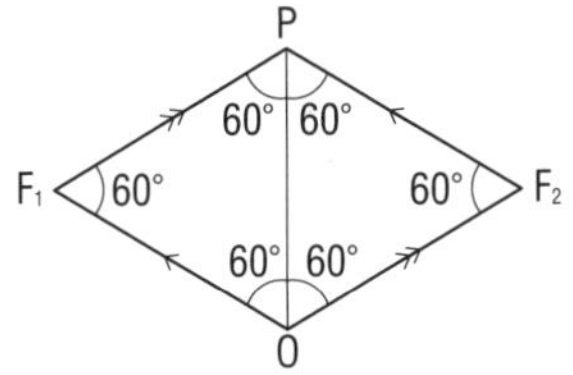

$\triangle OF_1P$ と $\triangle OF_2P$ は正三角形となり，合同なので，$OF=OP=OF$。

もちろん，計算で求めてもいいです。

解説

人が綱を $F_1=F_2$〔N〕の力で引いて荷物を支えているとすると，荷物に働く力のつりあいは次の図のようになる。

F_1 と F_2 の鉛直方向の成分の和が200Nより

$F\cos60°+F\cos60°$

$=\frac{1}{2}F+\frac{1}{2}F$

$=200$〔N〕

$\therefore F=200$〔N〕

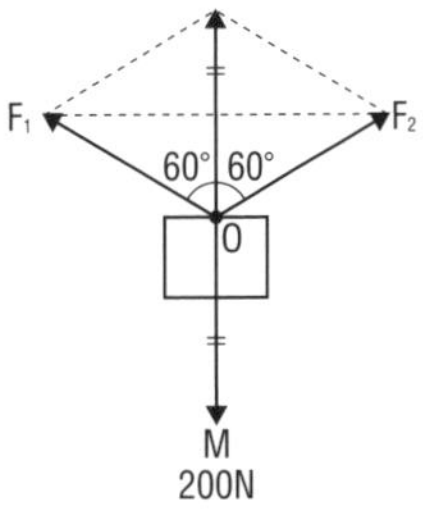

よって，正答は**1**である。

正答 1

No.17 教養試験 化学

化学反応

理想解答時間 2分　合格者正答率 75%

次の文章中の下線部ア～ウについて述べた以下の記述のうち，妥当なものはどれか。

基本知識を手がかりに

希硫酸に鉄を入れると鉄は溶けて，ア気体が発生した。イこの溶液に塩化バリウム水溶液を加えると，ウ沈殿を生じた。

1　アの気体には刺激臭がある。

2　アの気体を集めるには下方置換が適している。

3　イの溶液中にある鉄イオンは１価の陽イオンである。

4　ウの沈殿は鉄イオンと塩化物イオンによるものである。

5　ウの沈殿は白色である。

この問題の特徴

化学は，金属，非金属の性質，気体の製法など覚えることも多くて大変ですが，知識を増やしていって，正答率を上げていきましょう。

この問題は，短かい文章の中に，さまざまな現象があって，難しくなっています。化学反応の流れをつかまないと下線部が何をさしているのかさえもわからなくなってしまいます。一つひとつは，いずれもよく問われるポイントであり，無機化学をひととおり学習すれば必ずチェックしている内容です。初期の頃の正答率は30～40%くらいでしょう。

解答のコツ

まず，希硫酸に鉄を入れるときの反応がポイントです。化学反応式が書ける必要は決してありませんが，やはり書けると（せめて化学式）何が発生するかは推測できます。すると，水素の性質から，選択肢**1**・**2**が誤りであることは比較的容易に判断できるでしょう。

次に鉄イオンについても１価でないことは覚えておきましょう。選択肢の**4**と**5**は，少し難しく，硫酸バリウムについて，沈殿物としての色を覚えていないと厳しいでしょう。

解説

1×　誤り。希硫酸に鉄を入れると水素が発生する。$Fe + H_2SO_4 \rightarrow FeSO_4 + H_2$
水素は無色，無臭の気体。

2×　誤り。水素はほとんど水に溶けないので水上置換法で捕集する。

3×　誤り。この溶液中では，鉄は２価の陽イオンFe^{2+}として存在する。

4×　誤り。硫酸イオンSO_4^{2-}が含まれている溶液に塩化バリウム（$BaCl_2$）水溶液を加えると，$Ba^{2+} + SO_4^{2-} \rightarrow BaSO_4$より，硫酸バリウム（$BaSO_4$）が生じる。これは水に不溶であるので沈殿する。

5◎　正しい。$BaSO_4$の沈殿は白色である。

正答 5

教養試験
生物

No.18

光合成と呼吸

理想解答時間 3分

合格者正答率 75%

下文は，光合成と呼吸について述べたものであるが，下線部ア～オに関連する記述として正しいものはどれか。

光合成は，光のエネルギーを用いて，ア葉緑体で，水とイ二酸化炭素から，有機物を合成する働きである。その過程は，チラコイドで行われるウ明反応とストロマで行われる暗反応から成り立っている。また，呼吸は，生命活動に必要なエネルギーを得る働きで，好気呼吸では，エ解糖系，クエン酸回路，オ水素伝達系の3つの反応系から成り立っている。

光合成と呼吸はセットで覚えよう！

1　アー葉緑体の中の光合成色素であるクロロフィルは，ヘモグロビンの色素と似た構造を持ち，鉄を含み緑色である。

2　イー光合成で消費される二酸化炭素の量は光の強さの影響を受けるが，温度の影響を受けない。

3　ウー活性化したクロロフィルが水を分解して酸素を放出し，同時に，ADPにリン酸が結合し，ATPが合成される。

4　エー細胞質基質において，ブドウ糖（グルコース）がピルビン酸に分解される反応で，酸素が必要である。

5　オーミトコンドリア内において，解糖系とクエン酸回路で遊離した水素が酸素と結合し水になる過程。3つの反応系のうち最も少量のエネルギーを発生する。

この問題の特徴

この問題では，光合成と呼吸の両方の特徴を出題していますが，どちらか一方だけ出題される年もあります。両方を問題として取り上げているだけに，基本とはいえ，幅広い知識を要する問題になっています。選択肢の中には，学習を積んでいないと判断に迷うものもあります。ただ用語を覚えるだけでなく，働きやその仕組みについてしっかりと理解しておきましょう。

選択肢の難易度

選択肢の**1**と**2**は比較的容易に誤りとわかるでしょう。**4**と**5**については，好気呼吸についてしっかり覚えていないと誤りを見つけられないかもしれません。

解説

1×　クロロフィルは，金属元素として，マグネシウムMgを含んでいる。

2×　光合成速度（二酸化炭素の吸収）に影響を与える要因は，光の強さ，温度，二酸化炭素濃度である。

3◎　正しい。葉緑体のチラコイド（グラナ）で行われる明反応は，活性クロロフィルから放出されたエネルギーによって，根から吸収した水が分解され，水素と酸素が生じる。水素はカルビン・ベンソン回路で二酸化炭素の還元に用いられ，酸素は体外に放出される。また，ADP（アデノシン二リン酸）にリン酸が結合し，ATP（アデノシン三リン酸）が合成される。

4×　細胞質基質において，ブドウ糖がピルビン酸に分解される反応で，酸素を用いないで進行する。この反応で，ブドウ糖1モルを分解するとATPが2モルつくられる。

5×　ミトコンドリア内で，酸素を用いて進行する。この反応は，好気呼吸の3つの反応系のうち，最も多量のエネルギーを発生するものであり，ATPが34モルつくられる。

正答 3

PART III 過去問の徹底研究

No. 19

教養試験
生物

遺伝

理想解答時間 3分　合格者正答率 60%

次の文中の空欄ア～ウに当てはまる語句の組合せとして正しいものはどれか。

表を使って整理する

ある犬の毛の色の遺伝は，〔A，a〕〔B，b〕の２つの遺伝子によって決まり，A，Bはa，bより優性である。

〔A，B〕黒，〔A，b〕茶，〔a，B〕クリーム，〔a，b〕白，である。今，白と黒の犬をかけ合わせたら，黒と茶の子犬が１：１の割合で生まれた。このとき黒の親犬の遺伝子型は（　ア　）。さらに，黒と茶の子犬をかけ合わせたら，孫犬の黒は（　イ　）の確率で生まれ，黒：茶：クリーム：白＝（　ウ　）である。

	ア	イ	ウ
1	AABB	$\frac{9}{16}$	9：3：3：1
2	AABb	$\frac{3}{8}$	3：3：1：1
3	AaBB	$\frac{3}{8}$	3：3：1：1
4	AABb	$\frac{1}{8}$	1：3：3：1
5	AaBb	$\frac{1}{8}$	1：3：3：1

この問題の特徴

遺伝は数年おきに出題されているので，注意しておきたいテーマです。

また，単に用語を覚えるだけでなく，問題に応じて考えることを必要とされるので難しく思えるでしょう。

学習開始の時点で正答できる人は少ないですが，一度理解すれば得点源となります。

解答のコツ

黒と白の親をかけ合わせたら，黒と茶の子が1：1の割合で生まれたことから，ヘテロ接合体（B：b=1：1よりBbとなる）ということがわかります。そうすれば，選択肢の**2**と**4**が残ります。

次にAABbとaabbをかけ合わせてできた子の遺伝子型，AaBbとAabbからできる孫の遺伝子型については，表にして考えてみましょう。

解説

ア．黒色の親と白色の親を交配して生まれた子（F）が，黒：茶＝1：1より，黒色の親の遺伝子型はAABbである。

P……　黒 AABb　×　白 aabb

F……　AaBb 黒　／　Aabb 茶

F_1……　黒 AaBb　×　茶 Aabb

F_2

茶＼黒	AB	Ab	aB	ab
Ab	AABb	AAbb	AaBb	Aabb
ab	AaBb	Aabb	aaBb	aabb

イ．表よりF_2の黒〔AB〕の確率は$\frac{3}{8}$。

ウ．表より〔AB〕：〔Ab〕：〔aB〕：〔ab〕
＝3：3：1：1。

よって，正答は**2**である。

正答 2

No.20

惑星の見え方

理想解答時間 3分　合格者正答率 65%

惑星ネタは要注意

地球から見た火星と木星の見え方に関するア～エの記述のうち，妥当なものだけを挙げているのは次のうちどれか。

ア：地球から見て正反対の方向に同時に見えることがある。
イ：夕方から明け方までずっと見えていることがある。
ウ：常に一部分が欠けた状態で見える。
エ：天球上を順行することはあっても，逆行することはない。

1　ア，イ
2　ア，ウ
3　イ，ウ
4　イ，エ
5　ウ，エ

この問題の特徴

地学は特に片寄った出題が見られないので，広く学んでおきたいところです。

この問題では，惑星の中でも火星と木星にターゲットを絞っており，さらには見え方を問題としているため難しいものになっています。そのため，初学者にとっては正答するのが困難であると思われます。

解答のコツ

選択肢がすべて2つ妥当なものがあるとしているので，この点を利用していきましょう。ア～エのうちで，比較的わかりやすいと思われるのは「ウ」です。「外惑星である火星と木星が，常に欠けて見える」という記述から誤りと判断できれば，選択肢の**2**，**3**，**5**を消すことができます。**1**と**4**では，「イ」が共通なのでこれは正しいとわかりますので，あとは，「ア」と「エ」について考えればよくなります。

解説

ア○　正しい。火星と木星はともに外惑星であるので，地球を間にして正反対の位置にくることもある。このときは正反対の方向に見える。

イ○　正しい。たとえば，地球からの距離が最も近くなる「衝」のときは，日没の頃地平線から昇り，夜半に南中して，明け方の頃地平線から没する。

ウ×　誤り。火星がわずかに欠けるときがあるだけである。

エ×　誤り。一般に惑星は，内惑星であっても外惑星であっても天球上を順行するときと逆行するときがある。

よって，正しいのはア，イなので正答は**1**である。

正答 1

No.21 現代文（要旨把握）

理想解答時間 4分　合格者正答率 80%

全体をまとめている選択肢を探せ！

次の文の要旨と一致するものはどれか。

民主主義は，少数意見を尊重するようにできている。いったいなぜ，少数意見を尊重しなければならないのか？

まず前提になるのは，人間は間違うということだ。人間の能力には限りがあるから，判断を誤って，間違っているのは，めいめいの個性によるとも考えられるし，いろいろな誤謬（ごびゅう）を犯しているせいだとも考えられる。

つぎに，この系（コロラリー）として，多数意見だから正しいとは限らない，ということが言える。

誤謬を犯す可能性のある人間がいくら大勢集まったからと言って，誤謬の可能性がゼロにはなりはしない。少数意見より多数意見のほうが，どちらかと言えば正しい，という蓋然性（たぶんそうだろうということ）すら怪しいものだ。ほかに生き方がないから，とりあえず多数意見に従うという約束ごとが多数決なのである。だから，多数＝正しい，ということを全然保証しない。あとから，少数意見が正しかったと，判ることもよくある。そのときには，多数意見だった人が考えを改めればいいのだが，そもそもそういうことができるために，ずっと少数意見をとなえ続けていてくれる人が必要だ。どの意見が正しいのかわからないのだから，沢山の異なった意見の人びとを確保しておくことは，多数意見の人びとを含むすべての人にとって，有利なことなのだ。少数意見を尊重するのは，社会にとっての安全策であり，多数者にとっての利益でもある。少数意見を尊重するというルールがあってはじめて安心して討論（発言）できる。このルールは，言論の自由にとって欠かせないものだ。

人々は自由に，意見を変えることができる。だから誰だって，いつ少数意見に転落するか，わかったものじゃない。そうなっても，自分の良心（いったんこうだと思ったことを，特に理由もないのに変えないこと）を貫き通すためには，言論の自由，思想・信条の自由が守られていることが重要だ。自分が言ったり，考えたりしたことについて，処罰を受けたり不利益を被ったりしない。これは民主主義の，最低限のルールである。

1　多数意見はほとんどの場合正しいが，万一間違っていたときにこれに代わる意見がないと困るので，少数意見の尊重というルールは重要である。

2　多数意見が正しいとは限らないが，少数意見も正しいとは限らないので個々人が自分の信念を変えずに最後まで貫き通すことが民主主義の最低限のルールである。

3　民主主義における少数意見の尊重というルールは，多数意見が正しいとは限らないという前提のもとで，多くの意見を確保していくため重要である。

4　多数意見が正しいとは限らないのに，多数決という約束ごとによって物事が決まっていくということが，民主主義の限界である。

5　多数決で決定されたことでも，あとから間違いが判った場合には，全員がすみやかに少数意見に賛成することが，民主主義において重要である。

この問題の特徴

社会に関する文章を題材として，その文章が全体として述べていることを解答させる「要旨把握」という出題形式で，頻出のテーマ・形式です。

解説

1×　「多数意見はほとんどの場合正しい」が誤り。そういう判断を，本文では「怪しいものだ」と否定している。

2×　後半が誤り。本文には「人々は自由に，意見を変えることができる」とあり，何がなんでも自分の信念を貫けとはいっていない。また，信念を貫くことに対して処罰や不利益を与えないことが「民主主義の，最低限のルール」としている。

3◎　正しい。文章全体の要旨である。

4×　「民主主義の限界」が誤り。本文ではそれには触れていない。

5×　「全員がすみやかに少数意見に賛成することが，民主主義において重要」というのは，本文で書かれていることよりも誇張されている。

正答 3

教養試験
文章理解

No.22 現代文（要旨把握）

理想解答時間 5分　合格者正答率 80%

次の文の筆者の主張として妥当なものはどれか。

専門用語に惑わされるな！

眼でみると単純な一つの「胚」に，一匹の動物の形を形成する能力や，その動物から遠くかけはなれた変種をつくりあげる能力をみとめる――これを正当化するのは，まさしくわれわれをそう強制する観察の結果である。しかしそこからまったく新しい形の動物があらわれる新形態の形成能力までもこの「胚」に帰すのはいきすぎである。「胚」の発生にさいして実際に観察された形成能力を，勝手に拡張して，生物体のもつ形のすべての類似性を一つの系統学的に関係があるものとして説明しようという誘惑を感ずるが，しかしこれは生物体のあたらしい概念につきまとう一つの「危険」である。

われわれは遺伝的に規定された，突然に生じた動物や植物の変異・変種を数多く知っている。それらは「突然変異」とよばれている。そしてこの言葉はただ実際に観察された突然変異を意味することは，いうまでもない。ところが，この点でこの概念は今日ではつぎのように拡張されている。つまり，観察されたものから類推して，たえまないあたらしい変化のあゆみは，ついには魚類から両棲類，爬虫類から鳥類にいたる数かぎりない突然変異を推測することになった。

「胚」の発生についての知識は，生物体のわれわれの考えを根底から変革してしまうのにあずかって力があった。この生物体が自己展開する，つまり，「みずから創造する」という印象は，われわれの考え方を力強く支配することになった。だがしかし，この現象の確認は，発生・発達という大きな謎をただ指摘するとはいえ，けっして解決しはしないこと，そしてさらに，たとえばあたらしい種の創造のような，より多くの形成力をそこに帰することは，科学的な発言の限界をはるかにこえたものである，ということをわれわれは忘れないでおこう。

1　ある概念をまったく違う分野の事柄の説明に適用しようとすると，その本来の意味が失われてしまう。

2　観察によって確認されたことは確かなことであるが，そこから確認できていないことまで推測して，真理とすることは誤りである。

3　実際に観察されたことは当然真理として受け入れてしまうが，観察されたことでも実は真理でない場合があることを認識すべきである。

4　仮説は観察によってある程度までは実証されうるが，観察によって明らかになることには限界があり，すべてを実証し尽くすことは不可能である。

5　観察によって明らかになったことは，それまで知られていなかったことを解き明かす一つの材料となるが，物事を理解する際に観察のみに頼ることは危険である。

この問題の特徴

自然科学に関連する文章が題材となることもありますが，専門的な知識は必要とされず，あくまでも文章で述べられていることを読み取れているかが問われています。

解説

1×　誤り。「まったく違う分野の事柄に適用」するわけではなく，拡大解釈されることで本来の意味が失われる。

2◎　正しい。筆者の主張である。

3×　誤り。観察された結果が真理でないと否定する立場は文中に見られない。

4×　誤り。どこまで実証できるかという点に関心があるのではなく，筆者は「胚」の与える印象が「われわれの考え方を強く支配」し「科学的な発言の限界」を超える「誘惑」を生じさせる点を危惧している。

5×　誤り。観察の結果得たものは「大きな謎をただ指摘するとはいえ，けっして解決しはしないこと」を忘れるなと指摘しているので，観察が未知のことを「解き明か」しているかどうかは断言できない。

正答 2

No.23 現代文（文章整序）

理想解答時間 4分　合格者正答率 60%

次の短文A～Fを並べかえて一つのまとまった文章にしたいが，最も妥当な組合せはどれか。

接続詞や指示語をヒントに

A　したがって，計量経済学の手法を使って，過去に観察されたデータから経済的なメカニズムを抽出するという作業は，非常に重要な意味を持ってくるわけです。
B　最近の統計データの整備や，コンピュータの性能の向上により，計量経済学的な手法はますます重要になっています。
C　他方，自然科学と大きく異なる点は，経済問題の大半は実験が非常に難しいということです。すべての経済現象は一度しか起こらないので，実験室で再現することはできません。
D　計量経済学は，さまざまな統計手法を駆使し，実際のデータを分析することにより，抽象的な理論の正しさを検証したり，複雑なデータの中に潜んでいる基本的な経済的関係を抽出するといった目的で使われます。
E　このように，経済学はきちっとした理論的な基礎の上に構築されているので，世界中の多くの経済学者がこの理論的な基礎の上で分析を行うことにより，学問の国際的な発展につながっています。
F　そうした意味では，経済学というのは社会科学の中では最も自然科学に近い分野であるといってもいいでしょう。

1　B－C－E－D－A－F
2　D－B－E－F－C－A
3　B－C－E－D－F－A
4　B－C－D－A－E－F
5　D－B－A－E－C－F

この問題の特徴

複数の文章の並べ替え問題は，A・B・C日程では出題されていませんが，特別区では毎年1問出題されています。接続詞をヒントにして考えるのが定石ですが，本問の場合は，内容を読み取って考えなければならないのでやや難しいでしょう。

解説

Fで経済学が「社会科学の中では最も自然科学に近い」としているので，Fを「自然科学と大きく異なる点」を述べたCと，逆接の接続詞を使わずにつなぐことはできない。よって，C―Fとしている**5**は誤り。

1・**3**・**4**は冒頭でB―Cとつなぐことになるが，Cでいう「他方」が何を表すのか不明確なので，不適切である。

よって，残った**2**が正答である。

正答 2

教養試験
文章理解

No.24 現代文（空欄補充）

理想解答時間 4分　合格者正答率 60%

次の文中の空欄に入る文として，最も妥当なものはどれか。

空欄の前後の文章のつながりを考える

文芸時評というものは一見雑駁なようで実は大変微妙な仕事である。同人雑誌なぞで文芸時評を無我夢中でやっているうちは，微妙さも雑駁さも何もないのであるが，文壇を軽蔑している学者にも，自分には理屈はわからぬという作家にも文芸時評というものの微妙さはわからないのである。現在作家で勘所のはずれていない，抜目のない文芸時評を書いている人は，ほんの数えるほどしかいない。経済学者や哲学者がたまたま文芸時評の筆をとると，理屈はともかく甚だ魅力のない文章を拵え上げてしまう。すると周りが文学のわからん奴の批評は御免だとわめく。文芸時評が稚拙である事即ち文学のわからん証拠だという風に話が簡単なら何んでもないが，文芸時評でも書こうという学者たちは，文学の理解については，それぞれ自信を持っている人たちなので，少なくとも怪しからん学者だなどといっている文学者より文学的教養があるのが普通である。［　　　　］。文学の研究が専門で，綿密な才能ある論文を書いていながら，文芸時評となるとまるでものが言えていない，というような例もしばしば見受ける。では文芸時評というものは余程大した仕事かというと，何んの事はありゃしない。ただそこには職業の秘密という極めて難解なものがあるのだ。

1　しかしそう言えるだろうか
2　それゆえ言えることがある
3　それどころではない
4　そうなると次にどうなるのか
5　確かにそう言えるかもしれない

この問題の特徴

空欄補充の問題はA・B・C日程では時折出題される程度ですが，特別区では毎年1問出題されています。

やや難解な文章ではありますが，空欄の前後の文章のつながりを見極めて，空欄に当てはまる文を選びましょう。

解説

空欄の前文では，学者たちは文学の理解については自信があり，文学的教養があると述べられている。

空欄の後文では，その学者は単に文学的教養があるのみではなくて，「それどころではない」，文学研究が専門で綿密な才能のある論文を書いているほどの人なのである，とつながる。

1×　誤り。逆接・反語的にはつながっていない。

2×　誤り。前文の理由を後文で説明しているわけではない。

3◎　正しい。

4・5×　誤り。前文の内容を受けて後文につなげているだけではない。

正答 3

No.25 英文（内容把握）

理想解答時間 5分　合格者正答率 50%

「数字」に注意して引っかからないように！

次の英文の内容と一致するものはどれか。

One of the things which people of the modern, industrialized nations take for granted is an adequate fresh water.

As 70% of the world's surface is covered with water, it's hard to believe that there could be serious shortages of water, so we need to be reminded that only 2% of the water in the world is fresh and ready to be used for human consumption and agricultural purposes.

As most of that 2% is locked up in the ice of the North and South Poles, only 0.014% is readily available in the world's rivers, streams and lakes.

1　先進国では十分な淡水が供給されず，人々は常に水不足におびえている。
2　地球表面の70％は水で覆われているので，われわれは淡水を容易に使用できる環境にあることに感謝すべきである。
3　地球表面の70％は水で覆われているが，われわれが容易に使用できる淡水はわずか１％以下である。
4　地球表面の70％は海水であるが，容易に利用できる淡水はわずか２％を上回る程度である。
5　地球表面の大部分の水は，南極と北極の氷の中に閉ざされている。

この問題の特徴

環境問題や資源問題に関する英文はよく出題されます。

数量の大小関係が「ひっかけ」として用いられることがよくあるので，注意したいところです。

解説

1×　誤り。第１段落では，先進国では水が豊富にあると思っているとある。

2×　誤り。第２段落第１文には，70％が水に覆われ，水不足が起こることは考えにくいからこそ，わずか２％の水しか利用できないことを忘れてはならないとある。

3◎　正しい。第２段落最終文の後半に，0.014％しか容易に利用できないとある。

4×　誤り。２％を上回るという表現はない。

5×　誤り。北極や南極の氷の中に閉ざされているのは，地球表面の２％の淡水のうちの大部分である。

正答 3

教養試験
文章理解

No.26

英文（内容把握）

理想解答時間 3分　合格者正答率 60%

次の英文から，日本人についていえることとして，最も妥当なものはどれか。

コミュニケーション論・日本人論はよく出る！

Language plays a limited role in Japanese society. People generally believe that it is needless to speak precisely and explicitly with one another because they take it for granted that they share a lot of common assumptions. The function of language as a means of social communication in this country then, is to emphasize and reinforce the feeling of homogeneity.

In daily conversations, messages become telegraphic. Time, space, and logical relations are often unexpressed. Even major points are sometimes left unsaid. People are expected to understand meanings in view of the context of situation in which they are embedded.

Tacit understanding is more important than elaborate speech. People who cannot understand speech in its social context are frowned upon. People who resort to elaborate speech are felt as noise makers. Many Japanese would like to believe that if they are Japanese, they should be able to understand each other without words. When a communications failure occurs between two close friends, the one often accuses the other by saying "Don't you understand my intention if I don't express it ?"

1　相手に親近感を示すために日常会話において言葉を省略する。
2　寡黙なためにしばしば外国人から誤解される。
3　言葉をコミュニケーションの最良の手段とは考えていない。
4　物事を正確に明示的に表現する必要はないと考えている。
5　言葉を状況に応じて効果的に使う能力に欠けている。

この問題の特徴

コミュニケーションに関する英文や日本（人）論の英文はよく出題されます。本問は両者を合わせた文章です。

解説

1×　誤り。日常会話で言葉を省略するのは相手に親近感を示すためとは述べていない。
2×　誤り。外国人から誤解されるという点については触れていない。
3×　誤り。コミュニケーションの最良の手段については触れていない。
4◎　正しい。第1段落に示されている。
5×　誤り。言葉を効果的に使う能力に欠けているとは述べていない。

正答 4

No.27 英文（要旨把握）

理想解答時間 5分

合格者正答率 50%

次の文の要旨として妥当なものはどれか。

It is often said that the Japanese are not a religious people. I wonder if this is not a mistake arising from the fact that relations between gods and men continue to be uncomplicated. Many things that are in their way religious, therefore, do not strike us Westerners as such. They are not absolute and inexorable enough. The observances of Shinto are not earnest enough to be acknowledged as religious. The essential element of the religious, the recognition of gods, is present all the same, and so perhaps the Japanese are more religious than the common view has them to be.

先入観にとらわれないように

1 日本の神道の行事は生活と密接な関係を持っており，西洋人に比べて日本人は宗教を重んずる国民といえる。

2 日本における神々と人間の関係は西洋人からは理解されにくいが，日本人は通常いわれているよりも宗教的である。

3 日本の神道は西洋の宗教と違い，完全さを厳しく追求しないので，宗教とはいえない。

4 日本人は，根本には神を人間の生活にとって不可欠なものと思う気持ちを持っており，西洋人と違う形ではあるが十分宗教的である。

5 日本人は神道の行事に宗教的意味を置いていないので，西洋人から見ると，そこに宗教的真剣さがあるとは思えない。

この問題の特徴

日本（人）論の英文はよく出題されます。ただし，外国人の視点から書かれた文章が多いので，先入観にとらわれないようにしましょう。

解説

1×　誤り。神道の行事が生活と密接な関係を持っているとは述べていない。

2◎　正しい。文章全体からこのように読み取れる。

3×　誤り。神道が「西洋の宗教と違い完全さを厳しく追求しない」とは述べていない。

4×　誤り。日本人が神を人間の生活にとって不可欠なものと思っているとは述べていない。

5×　誤り。日本人が「神道の行事に宗教的意味を置いていない」とは述べていない。

正答 2

三段論法

理想解答時間 3分
合格者正答率 80%

次のア～オのうちの2つが成り立てば，「消しゴムを持っている生徒は，ボールペンも持っている」ということが確実にいえるとき，正しい組合せはどれか。

ア　定規を持っていない生徒は，消しゴムも持っていない。

イ　消しゴムを持っていない生徒は，定規も持っていない。

ウ　ボールペンを持っている生徒は，定規も持っている。

エ　ボールペンを持っていない生徒は，定規も持っていない。

オ　定規を持っていない生徒は，ボールペンも持っていない。

1　アとウ

2　アとエ

3　アとオ

4　イとウ

5　イとエ

ややこしいが
コツさえ
つかめればOK

この問題の特徴

命題・対偶・三段論法は，初めは難しく感じられますが，学習を進めて考え方を理解すれば得点源になります。

解答のコツ

命題・対偶・三段論法の考え方を理解しておきましょう。

解説

「消しゴムを持っている→□→ボールペンを持っている」という三段論法が成り立てばよい。

ア～オの中で，「消しゴムを持っている→□」となるのは，アの対偶である「消しゴムを持っている生徒は，定規を持っている」だけである。つまり，上の□の中は，「定規を持っている」となり，「定規を持っている生徒は，ボールペンも持っている」ということがいえれば，「消しゴムを持っている生徒は，ボールペンも持っている」がいえる。この「定規を持っている生徒は，ボールペンも持っている」というのは，エ「ボールペンを持っていない生徒は，定規も持っていない」の対偶である。

したがって，アとエの2つがいえれば，「消しゴムを持っている生徒は，ボールペンも持っている」ということが確実にいえる。「消しゴムを持っている生徒は，定規を持っている」はイの裏，「定規を持っている生徒は，ボールペンも持っている」はウの逆，オの裏であるが，逆と裏は必ずしも正しいとは限らず，イ，ウ，オからは確実に「消しゴムを持っている生徒は，ボールペンも持っている」を導くことはできない。

以上から，正答は**2**である。

正答 **2**

No.29

対応関係

理想解答時間 3分　合格者正答率 80%

A～Eの5人は，それぞれ野球，サッカー，テニス，卓球のうちの1つを趣味としている。以下のア～オがわかっているとき，正しくいえるものはどれか。

対応表を作って考えよう！

ア　Aと同じ趣味の者はいない。
イ　B，C，Dは全員趣味とする競技が異なっている。
ウ　C，D，Eは全員趣味とする競技が異なっている。
エ　BもCもサッカーは趣味としていない。
オ　Dの趣味は野球かテニスである。
カ　Eの趣味は野球かサッカーである。

1　Aは卓球が趣味である。
2　Bはテニスが趣味である。
3　Cは卓球が趣味である。
4　Dは野球が趣味である。
5　Eはサッカーが趣味である。

この問題の特徴

対応表を作って考える問題です。多くの問題を解いて対応表の作り方に慣れていけば，正答率が高くなります。本問では，「趣味にしていない」種目から確定させていくのがコツです。

解答のコツ

対応表をつくって考えます。「趣味にしていない」種目から決めていきましょう。

解説

まず，B～Eについてわかることをまとめると表Ⅰのようになる。Aと同じ趣味の者はいないので，B～Eのうち少なくとも2人は同じ競技を趣味とすることになるが，B，C，Dはそれぞれ異なり（イ），C，D，Eもそれぞれ異なっている（ウ）ことから，BとEが同じ競技を趣味としていることになる。表Ⅰから，BとEが同じ競技を趣味とするなら野球しかないことになり，ここからDの趣味はテニスと決まる。そうすると，Cの趣味は卓球しかなく，残るAの趣味はサッカーとなる。

よって，正答は**3**である。

表Ⅰ

	野球	サッカー	テニス	卓球
A				
B		×		
C		×		
D		×		×
E			×	×

表Ⅱ

	野球	サッカー	テニス	卓球
A	×	○	×	×
B	○	×	×	×
C	×	×	×	○
D	×	×	○	×
E	○	×	×	×

正答 3

No.30 数量関係

理想解答時間 4分　合格者正答率 70%

1，2，3，3，4，5，6，7と書かれたカードがあり，これら8枚をA～Eの5人に1枚または2枚ずつ配ったところ，次のようになった。

ア　Aのカードは2枚とも偶数だった。

イ　Dは1枚だけ渡された。

ウ　渡されたカードに書かれた数字の合計はBが8，Cは4，Eは6であった。

このとき，確実にいえるのは次のうちどれか。

1　3を2枚とも渡された人がいる。

2　Aが渡されたのは2枚とも4以下である。

3　1のカードはBに渡された。

4　Cには1枚だけ渡された。

5　Dが渡されたカードはすべて5以上である。

場合を分けて考えてみよう

この問題の特徴

だれがどのカードを持っているかの対応関係に，数字の合計なども絡んだ問題です。公務員試験では最近，このような数量関係の絡んだ問題が増えています。

解答のコツ

本問では，渡されたカードの数字の合計が（わかっている中で）最小のCについて場合を分けて考えるのが近道です。

解説

ウよりCには合計4になるようにカードが渡されたが，それは

①　4のみ1枚だけ

②　1と3の2枚

の2通りがある。

①Cに4のみが渡されたとき

アよりAには2，6の2枚が渡されたことになる。するとウよりBには1，7もしくは3，5の2枚が渡されたことになるが，3，5が渡されたとするとEに合計6となるように渡すことはできない。よってBには1，7が，Eには3が2枚とも渡され，Dには残っている5が渡されたことになる。

この時点で選択肢を確認すると，**2**以外はすべて成り立っている。

②Cに1，3の2枚が渡されたとき

ウよりBには2，6もしくは3，5の2枚が渡されたことになるが，2，6が渡されたとするとAに2枚とも偶数を渡すことができず，アに矛盾する。よってBには3，5が渡され，このときウよりEには2，4の2枚または6が1枚だけ渡されることになり，アを考慮するとAに2，4が，Eに6が渡されたことになる。最後に，残った7がDに渡されたとわかる。

以上より，確実にいえるのは**5**の「Dが渡されたカードはすべて5以上である」である。

正答 5

No.31

平面図形

理想解答時間 4分　合格者正答率 80%

図のように，透明な板の表面に3×3のマス目が描かれている。これら9個のマス目のうち2個を黒く塗るとき，その塗り方は何通りあるか。ただし，回転させたり，裏返したりすると同じになる場合は，同じ塗り方とみなす。

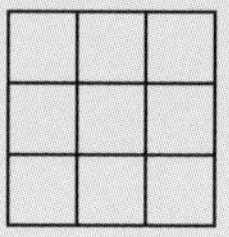

1　6通り
2　7通り
3　8通り
4　9通り
5　10通り

重複しないように数えよう！

この問題の特徴

図形に着色したときの塗り分け方のパターンを数える問題で，定番のものです。

解答のコツ

重複しないように1つずつ書いて考えるのが実戦的です。その際，思いつくままに書き上げるのではなく，順序立てて考えるようにしましょう。

解説

図に示すように，8通りが可能である。

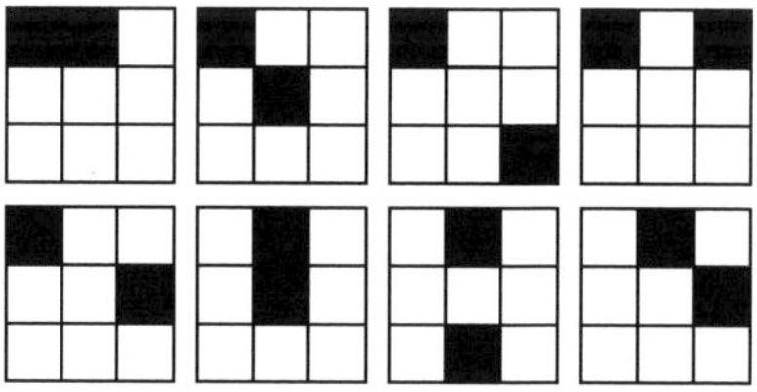

したがって，**3**が正しい。

正答 **3**

No.32 軌跡

理想解答時間 3分
合格者正答率 70%

1辺の長さが a の正方形がある。長さ a の棒ABの両端をそれぞれ1人ずつが持ち，正方形の辺上を同方向（ア→イ→ウ→エ）に移動するとき，棒の中点Mが描く軌跡として正しいのは次のうちどれか。ただし，棒の太さは考えず，棒の端を離したりしないものとする。

実際の動きをイメージしよう

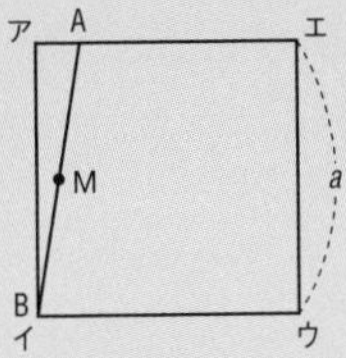

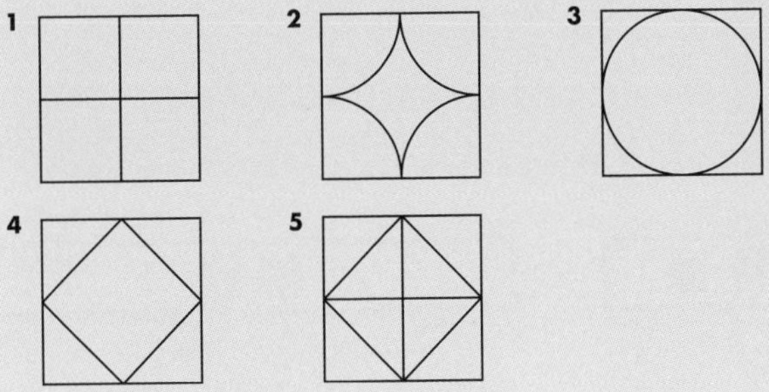

この問題の特徴

図形を回転させたり移動させたときに特定の点がどのように動くか考える問題を「軌跡」といいます。本問は，長さが変わる棒の中点の動きを追いかけるもので，やや難しいものです。

解答のコツ

線ABを少しずつ動かして，中点Mの位置をたどっていくのが基本的な解法です。

解説

Mは次のような曲線を描く。

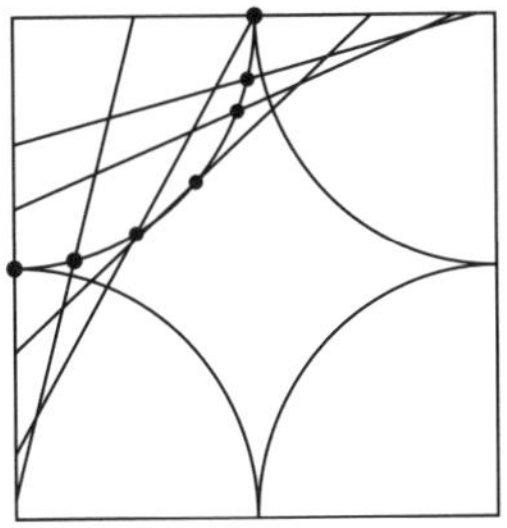

よって，正答は**2**である。

正答 2

空間図形

理想解答時間 3分　合格者正答率 70%

次の図のような正面図と平面図を持つ立体を側面から見た図として，可能性のあるものをすべて挙げたものはどれか。

見える2面から推理する

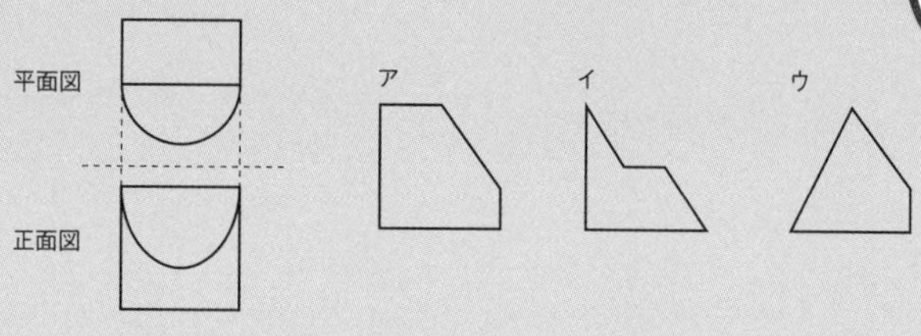

1　ア
2　イ
3　ウ
4　ア，イ
5　ア，ウ

この問題の特徴

立体を正面から，側面から，上から見たときの見え方を考える「見取図」の問題です。

解答のコツ

平面図・正面図とも2面が見える図になっているので，ア・イ・ウの上から／前から見える面を数えるようにします。

解説

与えられた正面図と平面図から考えられる立体としては，次のⅠ，Ⅱのようなものが考えられる。Ⅰの場合の側面図はア，Ⅱの場合の側面図はウとなり，ここで正答は**5**とわかる。

イは上から見える面が3面あるので，平面図がⅢのようになってしまう。

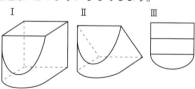

正答 5

No.34

数量関係

理想解答時間 3分　合格者正答率 80%

基本中の基本問題

商品A，Bを同じ定価で販売している店がある。商品Bは商品Aの3倍売れたが，利益は同じであった。また，利益率（利益÷売上）は商品Aのほうが商品Bよりも，20%大きかった。Bの利益率は次のうちどれか。

1　5%
2　10%
3　15%
4　20%
5　25%

この問題の特徴

2つの商品の売上と利益率に関する問題です。利益率の意味や「利益率は商品Aのほうが商品Bよりも，20%大きかった」ということの意味を整理することが求められます。

解答のコツ

Bの利益率をxと置くと，Aの利益率は$x+0.2$で表されます。

また，Aの売上をy円とすると，Bの売上は$3y$円です。これらを活用します。

解説

商品A，Bの定価は同じで，BはAの3倍売れたのであるから，売上は，Aがy〔円〕とすると，Bは$3y$〔円〕となる。

Bの利益率をxと置くと，

利益率$=\dfrac{利益}{売上}$だから，

Bの利益は$3xy$となる。

またAの利益率は$x+0.2$であるから，Aの利益は$(x+0.2)y$となる。

これらが等しいから，

$3xy=(x+0.2)y$

これを解いて$x=0.1$だから，Bの利益率は10%となる。

よって，正答は**2**である。

正答 2

No.35

整数の性質

理想解答時間 3分

合格者正答率 80%

1～50の自然数の中で，2，3，5のいずれかで割り切れるものの個数として正しいものはどれか。

1 30個
2 32個
3 34個
4 36個
5 38個

倍数と個数の関係に注目

この問題の特徴

整数や自然数の問題ですから，割ったときに分数や小数にはなりません。それを活用した解き方が求められます。

解答のコツ

倍数と個数の関係を理解するようにします。たとえば，2の倍数は連続する2個の自然数のうち1個，3の倍数は連続する3個の自然数のうちの1個です。これを押さえておくのがポイントです。

解説

1～50の自然数の中で，2で割り切れるのは，50÷2＝25で25個，3で割り切れるのは，50÷3＝16…2より16個，5で割り切れるのは50÷5＝10で10個ある。

これらを単純に合計すると，25＋16＋10＝51〔個〕であるが，ここから重複して数えているものを取り除く必要がある。

2と3の公倍数（＝6の倍数）は，{6，12，18，24，30，36，42，48}の8個，2と5の公倍数（＝10の倍数）は，{10，20，30，40，50}の5個，3と5の公倍数（＝15の倍数）は，{15，30，45}の3個で，この8個，5個，3個の合計16個を取り除くと，3回数えた30について3回取り除いてしまうので，結局，51－16＋1＝36〔個〕となり，正答は**4**である。

正答 4

No.36

仕事算

理想解答時間 3分
合格者正答率 80%

公務員試験
定番の問題

A，B２台のコンピュータがある。２台のコンピュータの処理能力には差があり，Aが３時間で処理できるデータをBで行うと７時間かかることがわかっている。今，あるデータを処理するのにA，B２台のコンピュータを同時に使用することにし，２台のコンピュータが同時に処理を終了するようにデータを振り分けた。処理を開始してしばらくした後に停電でコンピュータの処理が停止してしまったが，その時点でAが未処理のデータ量とBが処理したデータ量が同じであった。停電するまでにA，B２台で処理が済んだデータ量として正しいものはどれか。

1　全体の64%
2　全体の66%
3　全体の68%
4　全体の70%
5　全体の72%

この問題の特徴

数量関係の中でも，一定時間に遂行できる仕事量が異なる人や機械を組み合わせて仕事をさせる「仕事算」は定番の問題です。

解答のコツ

同じ量を処理するのにかかる時間の比から，単位時間当たりの処理能力の比を求めるのが，このような問題を解く際のコツです。

解説

A，B２台のコンピュータの処理能力の比はA：B＝7：3である。したがって，停電した時点で処理が残っているデータ量の比も7：3である。

Aが未処理のデータ量とBが処理したデータ量が同じであるのだから，Bが処理したデータ量と未処理のデータ量の比も7：3である。

同時に処理が終了するようにデータを振り分けたのだから，Aにおいても処理したデータ量と未処理のデータ量の比は7：3で，停電するまでにA，B２台で処理が済んだデータ量は全体の70%であり，正答は**4**である。

正答 4

No.37

流水算

理想解答時間 3分

合格者正答率 80%

川の上流にあるA地点から下流のB地点まで船で下ると4分かかり，B地点からA地点まで船で上ると12分かかる。この川のA地点からB地点までボールを流すと，何分かかるか。

1　6分
2　8分
3　10分
4　12分
5　14分

流れと船の速さの関係を押さえよう

この問題の特徴

川の上流から下流へ，下流から上流へ船を進める問題は「流水算」と呼ばれ，数量関係の問題の定番パターンです。

解答のコツ

流れと船の速さの関係，上りと下りの速さの関係をしっかりとつかむことが，この問題を解くためのポイントです。

解説

船自体の速さをv，川の流れの速さをVとすると，下りの

速さは$v+V$，上りの速さは$v-V$で表される。速さとかかる時間の間には逆比が成り立つから，

$$(v+V):(v-V)=\frac{1}{4}:\frac{1}{12}=3:1$$

∴　$3v-3V=v+V$より，$v=2V$

これを下りの速さに代入すると，下りの速さは$2V+V=3V$となり，流れの速さの3倍に当たることがわかる。

よって，流れに従ってA地点からB地点までボールが流されたときにかかる時間は，船の下りにかかる時間の3倍に当たり，4×3=12〔分〕となる。

よって，正答は**4**である。

正答 4

No.38

場合の数

理想解答時間 4分　合格者正答率 60%

Aと書かれたカードが1枚，Bと書かれたカードが4枚，Cと書かれたカードが4枚，全部で9枚のカードがある。これらのうちから4枚のカードを選んで並べるとき，その並べ方は何通りあるか。

1　32通り
2　40通り
3　48通り
4　52通り
5　60通り

思いつきで数えてもダメ！

この問題の特徴

最近の公務員試験で出題が増えている「場合の数」の問題です。思いつきで考えていっても混乱するだけですから，考え方の方針を決めて順序立てて考えていく必要があります。本問では，1枚しかないAを使うか使わないかで場合に分けます。

解答のコツ

1枚しかないAを使う／使わないで場合に分けて考えましょう。

解説

1枚しかないAを使うとき，使わないときで場合分けをする。

①Aを使うとき

残り3枚がBまたはCであるから，

A，B，B，B
→並べ方は，4通り。

A，B，B，C

→並べ方は，$\frac{4!}{2!}$＝12通り

A，B，C，C
→並べ方は上と同じで12通り。

A，C，C，C
→並べ方は，4通り。

以上で32通りある。

②Aを使わないとき

4枚がBまたはCであるから，

B，B，B，B
→並べ方は，1通り。

B，B，B，C
→並べ方は，4通り。

B，B，C，C

→並べ方は，$\frac{4!}{2!\times2!}$＝6通り。

B，C，C，C
→並べ方は，4通り。

C，C，C，C
→並べ方は，1通り。

以上で16通りある。

したがって，題意の並べ方は32＋16＝48〔通り〕ある。

よって，**3**が正答となる。

正答 3

No.39

平面図形

理想解答時間 3分　合格者正答率 70%

図の三角形ABCにおいて,辺BCは3cmであり,これを1:2に分けた点Dがある。辺ABと平行にDから直線を引き,辺ACとの交点をEとする。このとき,辺DEの中点Fを通る点Aからの直線と辺BCの交点をGとする。DGは何cmか。

図形の出題パターンは決まっている

1　0.2cm
2　0.3cm
3　0.5cm
4　0.6cm
5　0.8cm

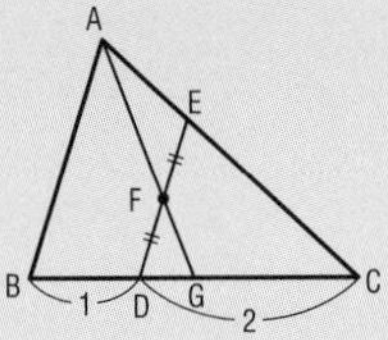

この問題の特徴

平面図形の辺の長さや面積を求める問題です。必要になる知識は「三平方の定理」など，いつも同じようなものばかりなので，問題を数多く解けば，おのずと正答率が上がります。

解答のコツ

相似な図形の性質を利用して「相似比→辺の長さの比」と考えることで正答できます。

解説

△CABと△CEDは相似であり，相似比は3：2である。点FはEDの中点であるから，

AB：FD＝3：1

なので，DGを$x$cmと置けば，△ABGと△FDGが相似であることから，

1＋x：x＝3：1

である。

これを解くと，x＝0.5〔cm〕とわかるので，正答は**3**となる。

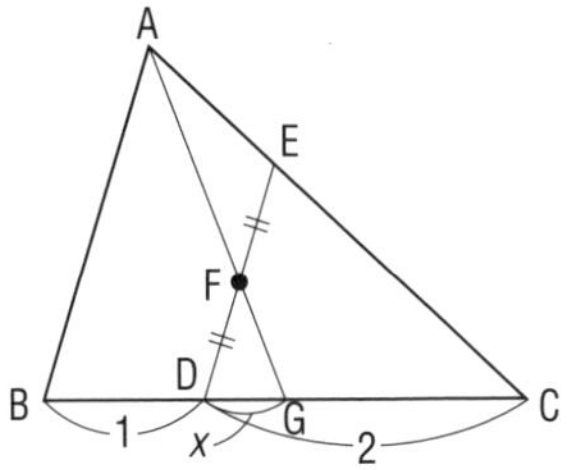

正答 3

グラフの読み取り

理想解答時間 3分　合格者正答率 80%

素早く正確に読み取れ！

図は，ある国における自動車の月別輸出台数とその前年同月比増加率の推移を示している。この図に関する記述ア～ウの正誤を正しく組み合わせているのは次のうちどれか。

ア　2004年11月～2005年２月の期間において，月別輸出台数は毎月減少している。

イ　2004年９月～2004年12月の期間において，月別輸出台数が最も多かったのは11月である。

ウ　2004年９月～2005年２月の期間において，月別輸出台数が500,000台を上回った月はない。

	ア	イ	ウ
1	正	誤	正
2	正	正	誤
3	誤	正	正
4	誤	正	誤
5	誤	誤	誤

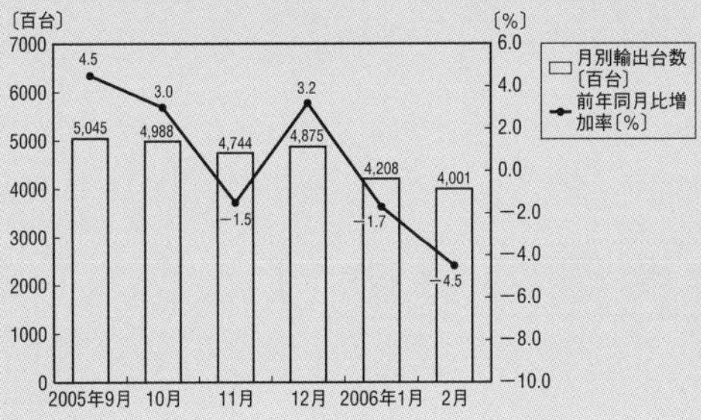

この問題の特徴

市役所試験では数表の出題は少なく，グラフの出題が目立ちます。特に，本問のようなグラフによって時間の推移を追うものが多くなっています。

解説

グラフ中の月別輸出台数と前年同月比増加率に基づいて2004年９月～2005年２月の月別輸出台数を計算すると，

2004年９月が $\frac{5045}{(1+0.045)} \fallingdotseq 4828$〔百台〕

2004年10月が $\frac{4988}{(1+0.030)} \fallingdotseq 4843$〔百台〕

2004年11月が $\frac{4744}{(1-0.015)} \fallingdotseq 4816$〔百台〕

2004年12月が $\frac{4875}{(1+0.032)} \fallingdotseq 4724$〔百台〕

2005年１月が $\frac{4208}{(1-0.017)} \fallingdotseq 4281$〔百台〕

2005年２月が $\frac{4001}{(1-0.045)} \fallingdotseq 4190$〔百台〕

となっている。以上の数値に基づいて，ア～ウを検討すればよい。

ア○　正しい。

イ×　誤り。2004年９月～2004年12月の期間において，月別輸出台数が最も多かったのは10月である。

ウ○　正しい。

以上より，**1**が正答となる。

正答 1

No. 1

選挙制度

理想解答時間 2分

合格者正答率 80%

教養試験の知識でもなんとかなる！

選挙制度に関する次の記述のうち，妥当なものはどれか。

1 比例代表制では死票が多くなり，小党分立状況が生まれやすい。

2 小選挙区制は多数代表制の一種であり，二大政党制をもたらしやすい。

3 ヨーロッパでは，フランスとイギリスを除き比例代表制は採用されていない。

4 わが国では，2000年の選挙制度改正により，参議院の比例区選挙が「非拘束名簿式」から「拘束名簿式」に改められた。

5 わが国の衆議院議員選挙では小選挙区比例代表並立制が採用されているが，比例代表制の選出議席数は小選挙区制のそれを上回っている。

この問題の特徴

選挙制度は，公務員試験の「定番」の問題です。高校の政治・経済とも一部重複する選択肢もあるので，学習開始時点で正答できる人は20%程度ですが，最終的には100%正答できるようにしたい問題です。

選択肢の難易度

選択肢**4**と**5**は若干細かい知識を求められますが，**1**～**3**は比較的平易な選択肢となっています。

解答のコツ

比例代表制と小選挙区制は，対照的な選挙の方法なので，それぞれ別の結果を生み出します。選択肢**1**と**2**のように対となる選択肢は，逆になっていたり相互に矛盾することが多いので，まずそこに誤りがないか探すといいでしょう。すべての選択肢を見なくても正答に結びつく可能性があります。

実際に，この問題でも選択肢**1**と**2**は矛盾するので，どちらかが間違っていることになります。選択肢**1**が誤りで**2**が正しいと気づくことができれば，他の選択肢は間違っていることを前提に読み流すことができ，時間の短縮にもつながります。

解説

1×　誤り。比例代表制は死票が少ないため，小党分立状況が生まれやすい。

2◎　正しい。小選挙区制は死票が多いため，二大政党制が生まれやすい。

3×　誤り。ヨーロッパでは広く比例代表制が採用されている。イギリスとフランスは例外である。

4×　誤り。2000年に「拘束名簿式」から「非拘束名簿式」に改められた。

5×　誤り。日本の衆議院議員選挙は，小選挙区と比例代表制を並立させているが，小選挙区制を重視し，全465議席のうち289議席をこれで選出している。

正答 2

専門試験

政治学

No.2

各国の政治システム

理想解答時間 3分 ｜ 合格者正答率 70%

各国の政治システムに関する次の記述のうち，妥当なものはどれか。

簡単な選択肢を見極めろ！

1 二元的代表制とも呼ばれる大統領制では，政治に求められる代表性と効率性が，それぞれ大統領と議会によって確保される。

2 アメリカを典型とする大統領制では，政府の議会からの独立性が強いことから，議院内閣制に比べて強い政府が生まれやすい。

3 N.ポルズビーは議会を変換型議会とアリーナ型議会に分類したが，そのうち前者の典型とされたのはイギリス議会である。

4 わが国の国会は，二院制や年間複数会期制，会期不継続の原則などを採用しているため，審議における粘着性（ヴィスコシティ）が低いとされている。

5 議院内閣制の下ではしばしば連立政権が誕生しており，実際，第二次世界大戦後のわが国を含む先進国において，少数党が与党となった例もみられる。

この問題の特徴

大統領制と議院内閣制の問題は，最近出題されることが多くなってきています。各国の政治システムのうち，日本，アメリカ，イギリスは「定番」となっていますが，フランス，ドイツ，韓国なども含まれるようになってきています。

定番の問題とはいえ，一部の選択肢に政治学の専門用語が含まれているため，学習開始の時点で正答できる人は10%程度です。

選択肢の難易度

選択肢**2**と**5**は学習開始の時点でもある程度理解ができるでしょう。選択肢**3**と**4**は政治学の用語を含んでおり，難易度の高いものです。

解答のコツ

まず難易度が低く，大統領制と議院内閣制の基本的な特徴を表した選択肢**2**と**5**に注目しましょう。このうち，選択肢**2**は，しばしば誤解されるところですが誤りで，**5**が正しいことがわかれば，政治学の高度な知識がなくても正答を得られます。

このように難易度の低い選択肢をはっきりと見極めることが時間を短縮し，正答を導くうえで大切となります。

解説

1×　誤り。代表性は議会，効率性は大統領によって確保される。

2×　誤り。大統領と議会はそれぞれ別に選出されるため，政党が異なることが多く，両者の対立で政府の力が抑制される。

3×　誤り。イギリス議会は，党首討論に見られるように与野党が議会で議論を戦わせ有権者にアピールするアリーナ型である。

4×　誤り。わが国の国会は，選択肢に挙げられた性質により，審議における粘着性（粘り強さ）は高いといわれている。

5◎　正しい。多数党が過半数を占めない場合，連立政権となる。選択肢に該当する例として細川護熙内閣がある。

正答 5

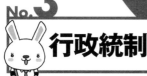

No.3

行政統制

理想解答時間 2分

合格者正答率 80%

次の文中の空欄A～Cに該当する語句の組合せとして妥当なものは，次のうちどれか。

かつてギルバートは，行政統制の各手段を「外在的－内在的」，「制度的－非制度的」という２つの軸を用いて分類整理した。それによれば，議会による統制や裁判所による統制は〔　A　〕，マスメディアによる統制は〔　B　〕，同僚職員の評価・批判は〔　C　〕に分類される。

テクニックのみで解ける！

	A	B	C
1	外在的－制度的	外在的－非制度的	内在的－制度的
2	外在的－制度的	外在的－非制度的	内在的－非制度的
3	外在的－非制度的	内在的－非制度的	外在的－制度的
4	内在的－非制度的	内在的－制度的	外在的－非制度的
5	内在的－制度的	外在的－非制度的	内在的－非制度的

この問題の特徴

行政学の学説のうち「行政統制」に関する問題です。

この問題は，正しい組合せを選ぶ出題形式となっているので，５つの選択肢をそれぞれ見極めなければならない問題よりも難易度は低くなっています。学習の開始時点でも20％程度の人が正答できると思います。

解答のコツ

まず選択肢だけを見て，最も多く登場する組合せを確認してみましょう。Aでは，「外在的—制度的」が２つ，Bでは，「外在的—非制度的」が３つ，Cでは，「内在的—非制度的」が２つです。これらAからCが重複しているのは，選択肢**2**ということになり，テクニックのみで正答を導くことが可能です。

ただ，このように選択肢が絞られるのはまれで，２つ程度の可能性が残るのが一般的です。この場合でも，２つに絞って問題を読んでいけば，正答の確率を高めることができます。

解説

A：「外在的—制度的」が該当する。議会や裁判所は，行政機関にとって外部であり，法制度に基づいて統制する。

B：「外在的—非制度的」が該当する。マスメディアは，行政機関にとって外部から統制するが，法制度によるものではない。

C：「内部的—非制度的」が該当する。同僚職員は，行政機関にとって内部から統制するが，法制度によるものではない。

よって，正答は**2**である。

正答 2

No.4

地方自治

理想解答時間 3分　合格者正答率 70%

地方分権の時代で注目

地方自治に関する次の記述のうち，妥当なものはどれか。

1　アメリカなどアングロ・サクソン系の国における自治体では，概括授権方式が採用されており，国の内務省が自治体への授権を行っている。

2　ヨーロッパ大陸諸国は封建時代に地方勢力が強かったため，中央政府は人為的に行政区画を策定し，市町村の長は中央から派遣され，地方は国の事務と自治事務の両方を行っていた。

3　ヨーロッパ大陸諸国の自治体は，自治事務と国からの委託事務を担っていた。特に委託事務は国からの強い拘束を受けていた。

4　アングロ・サクソン系の国は，国と地方の明確な事務の分類を特徴としているため，地方には地域総合行政機関たる自治体が存在するのみで，地方で国の機関からサービスを受けることはない。

5　わが国における地方自治は，自治体が行っている事務が国に対して3割にすぎないことから，「3割自治」と表現される。

この問題の特徴

地方自治は行政学の中で比較的理解しやすい領域です。この問題は，地方自治論なので，地方自治の中でも難易度は若干高くなっていますが，「定番」の問題です。高校の内容と重複していないため，学習開始時点で正答できる人は，10%程度でしょう。

選択肢の難易度

選択肢**1**～**4**のように，世界の地方自治については高校との重複がないので難易度が高くなります。選択肢**5**は日本の内容なので，ほかよりも平易となっています。

解答のコツ

初学者にとって，すべての選択肢について正誤を判断することは難しいでしょう。このような場合，わかる範囲で正しいものを見つけることにします。

まず「受けることはない」のように否定的な表現を含む選択肢**4**と，日本の地方自治に関する選択肢**5**を誤りだと判断することができれば，残りの3つの対象を絞ります。そのうえで，ヨーロッパ大陸諸国の記述が2つ残るので，これらのうち，より矛盾を感じない方を選ぶとよいでしょう。

解説

1×　誤り。地方自治が進んでいるアングロ・サクソン諸国では，自治体が実施する権限を明確に定める制限列挙方式である。

2×　誤り。中央から長が派遣されたのは，日本の都道府県にあたる広域自治体。

3◎　正しい。ヨーロッパ大陸諸国の自治体は，国の出先機関のような特徴を持つ。

4×　誤り。明確に分離されているからこそ，国は地方に自前の事務所を持つ。

5×　誤り。自治体の地方税収入は3割であるにもかかわらず，処理する事務は全体の6～7割を占めることを意味する。

正答 3

No.5

表現の自由

理想解答時間 3分　合格者正答率 90%

表現の自由に関する次の記述のうち，判例に照らし，妥当なものはどれか。

超頻出テーマ！

1　集団行進による多数人の講堂は，群集心理等が作用して不測の事態に発展するおそれがないわけではないが，これを許可制とすることは，それが実質的に届出制であっても，許されない。

2　教科書検定において不合格処分とされた図書は，教科書として発行できないことになるから，一般図書として発行することを禁止されるわけではないが，なお，検閲に当たる。

3　在監者が発受する信書について，あらかじめその内容を刑務所長が点検審査することは，表現物に対する行政権の事前審査にほかならないから，検閲に当たる。

4　表現物の輸入禁止は，たとえ国外において発表済みであっても，国内においては事前発表の禁止を意味するから，検閲に当たる。

5　公職選挙の候補者に対する論評等によって，その者の名誉・プライバシーに重大かつ著しい損害を与える場合には，裁判所がその表現行為について事前差止めをしても許される。

この問題の特徴

憲法21条１項が保障する表現の自由に関する最高裁判所の判例（問題となった事件に対する裁判所の判断）の知識が問われています。

表現の自由は，Ａ日程・Ｂ日程・Ｃ日程のすべての試験で何度も出題されており，今後もいつ出題されてもおかしくないテーマです。また，表現の自由は，市役所に限らず，専門科目の憲法では頻出のテーマです。よって，十分な準備をして試験に臨み，出題された場合には確実に得点できないと，逆に他の受験者に差をつけられてしまうでしょう。

選択肢の難易度

2・4・5の判例は過去問で頻出のものであり，普段の学習で過去問を中心に据えて，頻出の過去問知識をしっかりと押さえておけば容易に正誤を判断できるようになります。

1と**3**の判例はやや細かいですが，余裕があれば押さえておくべきです。

解説

1×　誤り。最高裁判所は，許可制という形式をとっていても，実質的に届出制であれば違憲とはいえず許されるとしている。

2×　誤り。最高裁判所は，教科書検定は憲法が禁止する「検閲」には該当しないとしている。

3×　誤り。最高裁判所は，在監者による信書の発受の制限は必要かつ合理的であれば許されるとして，「検閲」に当たるとはしていない。

4×　誤り。最高裁判所は，税関検査による表現物の輸入禁止は「検閲」には該当しないとしている。

5◎　正しい。最高裁判所は，本肢のような判断をしている。

正答 5

No.6

被疑者・被告人の人権

理想解答時間 3分　合格者正答率 80%

刑事手続きにおける被疑者・被告人の権利に関する次の記述のうち，妥当なものはどれか。

1　被疑者・被告人のいずれについても，弁護人を依頼することが困難な場合には，国選弁護人を付すように請求することができる権利が憲法によって保障されている。

2　被告人の迅速な裁判を受ける権利が害されたと認められる異常な事態が生じた場合には，その審理を打ち切るという非常救済手段が認められる。

3　被告人には公費による証人喚問権が保障されているから，たとえ有罪判決を受けた場合でも，被告人に費用負担を命じてはならない。

4　氏名は，原則として自己に不利益な供述に該当するから，氏名を黙秘した者の弁護人選任届けを無効とすることはできない。

5　不当に長く抑留・拘禁された後の自白は，証拠とすることができないから，不当に長い抑留・拘禁と因果関係のないことが明らかな自白であっても，証拠とすることはできない。

この問題の特徴

人身の自由，法定手続の保障のテーマは，A日程・B日程・C日程のすべての日程で出題可能性が高いテーマです。

このテーマでは，憲法31条～40条までの条文とそれらの各場面で問題となった判例が出題されますが，条文数が比較的多く，また，やや細かい知識も問われるため学習するのが大変な分野の一つです。しかし，出題される知識はほぼ決まっているので，頻出の過去問知識を地道に押さえていけば正答できるようになります。

選択肢の難易度

2の選択肢は，過去問で頻出の知識なので，正答を選ぶのは容易といえるでしょう。もっとも，頻出知識でも試験本番で自信を持って選択できるためには，正確に押さえる必要があります。正答以外の選択肢も，**1**はやや細かいものの，**3**・**4**・**5**は過去問を押さえておけば容易に判断できる選択肢です。

解説

1×　誤り。国選弁護人依頼権につき，憲法は，被告人には保障しているが，被疑者には保障していない。

2◎　正しい。最高裁判所は本肢のように判示している。

3×　誤り。判例は，公費による証人喚問権の保障は，有罪判決を受けた場合にも被告人に費用を負担させてはならない趣旨ではないとする。

4×　誤り。判例は，氏名は原則として自己に不利益な供述に該当しないとして，氏名を黙秘した者の弁護人選任届けを無効とすることができるとする。

5×　誤り。判例は，不当に長い抑留・拘禁がなされた後の自白でも，長い抑留・拘禁と因果関係のないことが明らかな自白は，証拠とすることができるとする。

正答 **2**

No.7

国会

理想解答時間 2分

合格者正答率 90%

国会に関する次の記述のうち，妥当なものはどれか。

基本問題なので落とせない！

1 両議院の議員は国会の会期中は逮捕されないが，院外における現行犯の場合は，その唯一の例外である。

2 国会の会期は，常会，臨時会ともに，両院一致で1回限り延長することができる。

3 両議院の会議は公開して行われなければならず，議院の議決によって秘密会とすることはできない。

4 臨時会の召集については，両議院の総議員の4分の1以上の要求があれば，内閣はその召集を決定しなければならない。

5 参議院の緊急集会でとられた措置は，次の国会開会後10日以内に衆議院の同意が得られない場合は，その効力を失う。

この問題の特徴

国会についての基本問題なので，初学者でも正答率は高くなると推測できます。ということは，受験時には絶対に落とせない問題です。

選択肢の難易度

どの選択肢も基礎知識なので，難易度は高くありません。

解説

1×　誤り。その議員が所属する院の許諾がある場合も逮捕が可能である。

2×　誤り。常会の会期延長は1回に限られているが，特別会・臨時会については2回までの延長が認められている。

3×　誤り。公開が原則であるが，出席議員の3分の2以上の多数で議決したときは，秘密会とすることができる。

4×　誤り。両議院ではなく，いずれかの議院の総議員の4分の1以上の要求で足りる。

5◎　正しい。

正答 5

No.8

司法権

理想解答時間 4分　合格者正答率 90%

司法権に関する次の記述のうち，判例に照らし，妥当なものはどれか。

市役所ではよく出る！

1　わが国の現行制度の下においては，国民の基本的人権の保障および憲法規範の一般的保障の実現を図る必要があると判断される場合には，裁判所は，具体的事件を離れて抽象的に法律命令等の合憲性を判断する権限を有している。

2　大学での単位授与（認定）行為は，それが一般法秩序と直接の関係を有するものであることを肯認するに足りる事情があっても，純然たる大学内部の問題として大学の自主的，自律的な判断にゆだねられるべきものであるから，裁判所の司法審査の対象にはならない。

3　衆議院の解散は，直接国家統治の基本に関する高度に政治性のある国家行為であり，たとえ法律上の争訟となり，これに対する有効無効の判断が法律上可能である場合であっても，その法律上の有効無効を裁判所は審査することはできない。

4　条約は，国家間の合意という特質を持ち，その内容が高度に政治性を有する場合には，その内容が違憲となるか否かについての判断は，純司法的機能を使命とする司法裁判所の審査にはなじまず，およそ裁判所の司法審査権の対象となることはない。

5　憲法第81条は，「最高裁判所は，一切の法律，命令，規則又は処分が憲法に適合するかしないかを決定する権限を有する終審裁判所である。」と規定しており，同条の違憲審査権は，最高裁判所のみが有するものであると解されるから，下級裁判所は，違憲審査権を有しない。

この問題の特徴

司法権は，違憲審査制も含めると，公務員試験全体で頻出のテーマです。

過去問で頻出の知識が定着していくにつれて正答率は高まると考えられるため，正答率は初学者で30%，受験時で90%以上となると推測できます。

選択肢の難易度

どの選択肢も過去問で頻出のものですが，**4**以外の判例は，内容も単純であり容易に判断できるでしょう。**4**の判例は少し複雑であるため，注意して判断する必要があるでしょう。

解説

1×　誤り。判例は，現行制度の下においては，特定の者の具体的な法律関係について紛争が存する場合にのみ，裁判所にその判断を求めることができるとし，本肢のように，裁判所が，具体的事件を離れて抽象的に法律命令等の合憲性を判断する権限を有するとの見解を否定している。

2×　誤り。判例は，単位授与行為が，一般法秩序と直接の関係を有するものと認められる特段の事情のない限り，司法審査の対象にはならないとしており，このような特段の事情があれば，司法審査の対象となりうる。

3◎　正しい。判例は，本肢のように判示している。

4×　誤り。判例は，高度の政治性を有する条約は原則として司法審査権の範囲外にあるとしているが，一見極めて明白に違憲無効と認められる場合には，司法審査の対象となる可能性を認めている。

5×　誤り。判例は，下級裁判所の違憲審査権を認めている。

正答 3

No.9

条例

理想解答時間 4分　合格者正答率 80%

条例に関する次の記述のうち，妥当なものはどれか。ただし，争いのあるものは判例の見解による。

地方自治の原則的テーマ

1　地方公共団体は，その自主性及び自律性が最大限に尊重されているが，地方公共団体の組織及び運営に関する事項は，それぞれの地方公共団体が自主立法である条例で定めることはできない。

2　憲法は各地方公共団体に条例制定権を認めているが，地方公共団体が売春の取締りに関する罰則を各別に条例で定めることは，地域によって取扱いに差別を生ずることになるので，憲法14条に違反する。

3　地方公共団体はその自治権に基づき当該地方公共団体の事務の実施に際して，自主立法である条例を制定する権能を有しているが，憲法上保障されている基本的人権については，条例によって制約を課すことはできないとされている。

4　条例は，公選の議員によって構成される地方公共団体の議会の議決を経て制定される自治立法であるから，行政府の制定する命令等とは性質を異にしており，法律の個別的委任又は一般的委任がなくとも，当然に罰則を設けることができる。

5　国の法令は全国的に一律に同一内容の規制を行うことを目的として制定されるものであるから，国の法令と同一の目的で，国の法令よりも厳しい規制基準を定める条例の規定は，法令に違反する。

この問題の特徴

本問の条例は，地方自治の原則のテーマの主要な内容であり，地方自治の原則のテーマは，地方公共団体である市役所の採用試験では，A日程・B日程・C日程のどの試験でも出題可能性が高いテーマです。

正答率は，初学者で30%，受験時で80%程度であると推測できます。

選択肢の難易度

選択肢**1**は条文の趣旨の理解ができていれば判断できるでしょう。**1**について自信が持てなくても，**2**・**3**・**4**・**5**の判例は過去問で頻出の判例なので，消去法によっても正答に達することが可能でしょう。

解説

1◎　正しい。地方公共団体の組織および運営に関する事項は，地方自治の本旨に基づいて，法律で定められる。

2×　誤り。判例は，憲法が各地方公共団体に条例制定権を認めている以上，地域によって差別を生ずることは当然に予期されるとして，本旨の条例は憲法には違反しないとする。

3×　誤り。判例は，奈良県ため池条例事件において，条例によって基本的人権である財産権の制約を認める。

4×　誤り。判例は，条例で罰則を設けることは，法律による相当な程度に具体的な委任があれば認められるとしており，法律の委任を不要とはしていない。

5×　誤り。判例は，条例が国の法令と同一の目的であっても，国の法令が必ずしもその規定によって全国的に一律に同一内容の規制を施す趣旨でなく，各地方公共団体で地方の実情に応じて，別段の規制をすることを容認する趣旨であると解されるときには，国の法令よりも厳しい規制基準を定める条例の規定でも，法令には違反しないとする。

正答 1

専門試験
行政法

No.10

法律による行政の原理

理想解答時間 4分
合格者正答率 70%

法律による行政の原理に関する次の記述のうち，妥当なものはどれか。

行政法の基本！

1 法律の優位の原則は，ヨーロッパやアメリカにおいて重んじられる原則であり，わが国の行政法学上は重視されていない。

2 法律の法規創造力の原則のため，行政機関による立法は認められていない。

3 法律の留保の原則については，法律の根拠を必要とする範囲に関して，学説上の対立があるが，通説は権力留保説である。

4 行政指導に法律の根拠が必要か否かは，侵害留保説をとる場合と権力留保説をとる場合とで異ならない。

5 社会留保説によれば，すべての公行政の作用には具体的な作用法上の根拠が必要となり，公行政全体が法律の留保の下に置かれる。

この問題の特徴

法律による行政の原理は，行政法の基本原理である以上，いつでも出題される可能性があります。また，他の分野とも関連するため，行政法全体の理解を深めるためにも，押さえておいたほうがよいでしょう。

正答率は，初学者で30%，行政法全体の理解が進んでいる受験時で70%程度であると推測できます。

選択肢の難易度

選択肢**1・2・3**は，法律による行政の原理の内容である三つの原則を押さえていれば判断できるでしょう。また，**4・5**は，法律の留保の原則に関する学説の理解ができていないと判断できないため，やや細かい選択肢です。

解説

1×　誤り。法律の優位の原則は，すべての行政活動は法律に違反してはならないという原則であり，わが国の行政法学上も重視されている。

2×　誤り。法律の法規創造力の原則は，国民の権利義務にかかわる法規の定立は，国会が制定する法律か，法律の授権に基づく行政権が制定する命令の形式でのみなされうるという原則である。よって，行政機関による立法も，法律の授権があれば認められる。

3×　誤り。法律の留保の原則は，行政活動は法律の根拠に基づいて行われなければならないとする原則である。法律の根拠を必要とする範囲については学説の対立があるが，現在のところ通説と呼べる見解はないとされる。

4◎　正しい。行政指導は，非権力的な事実行為であるから，どちらの説に立つかに関係なく，法律の根拠は不要である。

5×　誤り。社会留保説とは，社会権の確保を目的として行われる生活配慮行政には必ず法律の根拠を要するとする説である。本肢は，全部留保説の説明である。

正答 4

No. 11

住民訴訟

理想解答時間 3分

合格者正答率 60%

地方自治法第242条の2に規定されている住民訴訟で請求できない裁判として妥当なものは，次の記述のうちのどれか。

市役所では出題されやすいテーマ！

1　執行機関または職員に対する違法な行為の全部または一部の差止請求。

2　行政処分たる違法な行為の取消しまたは無効確認訴訟。

3　執行機関または職員に対する怠る事実の違法確認請求。

4　職員または違法な行為もしくは怠る事実に係る相手方に損害賠償または不当利得返還の請求をすることを執行機関または職員に対して求める請求。

5　執行機関または職員に対する公金の使途明細の情報公開請求。

この問題の特徴

住民訴訟については，どの日程でも数年おきに出題されており，市役所試験では比較的重要なテーマです。

正答率は，初学者でも40%，受験時で60%程度であると推測できます。

選択肢の難易度

選択肢**1**～**4**は，地方自治法第242条の2第1項に規定されている4項目そのものなので，正誤判断はしやすいでしょう。**5**についての規定はないため，そこを切り捨てられれば，素早く解答することも可能です。

解説

住民訴訟は，監査請求をした住民が，地方公共団体の議会，長，その他の職員の違法な財務会計上の行為ないし怠る事実の是正を，裁判所に請求する訴訟である。

それはもっぱら，これら職員の行員によって地方公共団体に財産上の損害を及ぼしていると認められる場合に，当該行為をやめさせ，あるいはそれによって地方公共団体に生じた損害を回復する目的で行われるものである（客観訴訟）。

地方自治法は，住民訴訟の請求内容として，選択肢**1**～**4**に挙げた4つを定めているため，**5**の情報公開請求を住民訴訟で行うことはできない。

正答 5

専門試験
行政法

No.12

行政行為の無効

理想解答時間 4分　合格者正答率 60%

やや難しいが知識とテクニックで乗り切れ！

行政行為の無効に関する次の記述のうち，妥当なものはどれか。

1 かつて判例は瑕疵が明白でさえあれば，その行政行為は無効であるとしていたが，最近では，重大かつ明白な瑕疵のある行政行為のみを無効としている。

2 無効な行政行為についても，出訴期間内であれば，取消訴訟により争うことができる。

3 無効な行政行為には，公定力は認められないが，不可争力は認められる。

4 行政行為の無効を前提とする現在の法律関係に関する訴えは，行政行為に対する不服を含むため，抗告訴訟に該当する。

5 無効な行政行為にはそもそも執行力が働かないため，行政行為の無効確認訴訟において執行停止の申立てをすることはありえない。

この問題の特徴

本問は，行政行為の無効について，行政行為の瑕疵（かし）と行政事件訴訟の種別における無効等確認訴訟の両方にまたがる問題です。ともに市役所の試験で頻出のテーマというわけではありませんが，他の分野とも関連している部分が多いため，頻出の知識については押さえておくべきテーマです。

正答の選択肢が少し細かいことと，他に紛らわしい選択肢もあることから，正答率は，初学者で30%，受験時で60%程度であると推測できます。

選択肢の難易度

選択肢**1**と**3**は基礎知識です。**2**と**4**はあまり見慣れない知識ですが，選択肢の意味をよく考えれば判断できるでしょう。**5**はやや細かい知識ですが，文末の「ありえない」との表現から，誤りであると推測できるでしょう。

解答のコツ

本問の選択肢**5**のように，「ありえない」，「学説上異論はない」，「いかなる場合でも」などと例外を一切認めない表現を用いている選択肢は，よほどの自信がない限りは「誤り」と判断すべきです。

解説

1×　誤り。判例は，無効な行政行為の要件として，以前から，瑕疵の重大かつ明白性を要求していたが，その後，瑕疵が明白でなくても重大な行政行為を無効としている。

2◎　正しい。無効な行政行為における瑕疵の程度は，原則として重大かつ明白な瑕疵であるから，これに含まれる程度の瑕疵があったとして，出訴期間内であれば取消訴訟を提起することもできる。

3×　誤り。無効な行政行為には，公定力だけでなく不可争力も認められない。

4×　誤り。行政行為の無効を前提とする現在の法律関係に関する訴えは，当事者訴訟か争点訴訟である。

5×　誤り。無効確認訴訟においても，行政行為の執行停止を申し立てることができる。

正答 2

No.13

行政上の強制執行

理想解答時間 4分
合格者正答率 80%

不定期に出題されるテーマ

行政上の強制執行に関する次の記述のうち，妥当なものはどれか。

1 行政代執行法は，代執行のほかにも直接強制や執行罰の規定を置いて，あらゆる類型の義務の履行を確保できるようにしている。

2 義務の履行を確保するには義務者の身体や財産に直接実力を加える直接強制が最も確実であるから，わが国では公益実現の必要の見地からこの方法が原則とされている。

3 飲食店が営業禁止の命令に違反している場合，代執行により戸口の封鎖をし，営業を不可能にすることができる。

4 金銭納付義務に関して法律に強制徴収の定めがある場合には，民事上の強制執行を利用することはできないとするのが判例である。

5 地方公共団体は，条例に基づき行政庁により命ぜられた行為を義務者が履行しない場合に備えて，直接強制の規定を条例に置くことができる。

この問題の特徴

行政上の強制執行は，A日程・B日程・C日程のそれぞれで不定期に出題されるテーマです。

正答の選択肢は，市役所以外の公務員試験でも出題されている判例の知識なので正答率は，初学者で30%，勉強が進んだ受験時で80%程度であると推測できます。

選択肢の難易度

選択肢**1**・**2**・**3**は行政上の強制執行の分野における基礎知識です。**4**は過去問で頻出の知識です。**5**はやや細かいですが，勉強が進んだ段階では判断できる知識です。

解説

1× 誤り。行政代執行法は，代替的作為義務に対する代執行についてのみ定めている。直接強制や執行罰は，個別の法律で規定されているにすぎない。

2× 誤り。現在のわが国では，代執行が行政上の強制執行の原則的手段である。なお，直接強制は，国民の権利自由に対する侵害の程度が甚大であるため，これを認める個別の法律がない限り用いることができない。

3× 誤り。行政代執行法に基づく代執行の対象となるのは，代替的作為義務のみであり，営業をしないという不作為義務は代執行の対象とはならない。本肢にある戸口封鎖は直接強制である。

4◎ 正しい。判例は，本肢のように判示している。

5× 誤り。行政上の強制執行は，法律上の根拠がなければ認められず，現在，国の法律には，地方公共団体が直接強制の規定を条例に置くことを一般的に認めたものは存在しない。

正答 **4**

No.14

執行停止

理想解答時間 4分

合格者正答率 60%

行政事件訴訟法上の処分の執行停止に関する次の記述のうち，妥当なものはどれか。

1 執行停止の申立ては処分の取消訴訟の提起後になされなければならないので，取消訴訟の提起に先立つ執行停止の申立ては違法である。

2 執行停止は，原告からの申立てによる場合のほか裁判所の職権によってもなされる。

3 執行停止は仮の救済制度なので，本案について理由がないと見えるときであっても，することができる。

4 処分の執行を停止する裁判所の決定は，あらかじめ当事者の意見を聴きさえすれば，口頭弁論を経ないですることができる。

5 内閣総理大臣が異議を述べた場合でも裁判所がすでに執行停止を決定している場合には執行は停止される。

細かい条文の正誤を見極めろ！

この問題の特徴

執行停止のテーマは，数年おきに出題されています。

本問はやや細かい条文の知識からの出題であるため，正答率は，初学者で20%，受験時で60%程度であると推測できます。

選択肢の難易度

選択肢**2**・**3**・**5**は執行停止の制度における基礎知識です。**1**は，選択肢の内容が取消訴訟の審理手続きの理解とも絡むため，難易度が高いといえます。正答の選択肢**4**も訴訟に関する専門用語が使われているため，やや細かい選択肢であるといえるでしょう。しかし，執行停止の制度は，仮の権利保護の制度であることから推測して判断することも可能でしょう。

解説

1×　誤り。本案訴訟の提起がされていない段階でも執行停止を先に申し立て，執行停止の決定時までに本案が提起され，それが継続していれば執行停止の申し立ては適法となる。

2×　誤り。裁判所による執行停止の手続きは，申立人による申立てによって開始され，裁判所が職権で執行停止をすることは認められていない。

3×　誤り。執行停止は，本案について理由がないと見えるときは，することができない。

4◎　正しい。本肢のとおりである。

5×　誤り。裁判所が執行停止の決定をした後に，内閣総理大臣が異議を述べた場合には，裁判所は執行停止の決定を取り消さなければならない。

正答 4

No.15

国家賠償法２条

理想解答時間 3分

合格者正答率 90%

国家賠償法第２条に関する次の記述のうち，妥当なものはどれか。

市役所以外でもよく出る！

1 公の営造物の中には不動産である道路や河川は含まれるが，動産は含まれない。

2 公の営造物の設置または管理の瑕疵とは，公の営造物が通常有すべき安全性を欠いていることをいい，これによる国または地方公共団体の賠償責任は無過失である。

3 河川の管理は，道路等の管理とは異なり，瑕疵があると多くの人に甚大な被害をもたらすことになるので，財政的制約が免責事由になることはない。

4 公の営造物の管理者と費用負担者が異なる場合には，前者が損害賠償責任を負い，後者が損害賠償責任を負うことはない。

5 損害賠償を請求することができるのは公の営造物の利用者に限られ，空港の騒音に対して周辺住民が損害賠償請求することはできない。

この問題の特徴

国家賠償法の第２条に関しては，市役所のＣ日程での出題が多くなっていますが，第１条や他の条文とともに，Ａ日程・Ｂ日程・Ｃ日程のいずれにおいても，いつ出題されてもおかしくないテーマです。

正答率は，正答の選択肢が過去問で頻出の判例なので，初学者で50%，受験時で90%以上であると推測できます。

選択肢の難易度

選択肢**1**・**2**・**4**は基礎知識で，特に正答の**2**は過去問の頻出知識の中でもトップレベルの基礎知識です。**3**と**5**は過去問でよく出る知識ですので，過去問の勉強が進んでいる人なら容易に判断できる知識といえるでしょう。

解説

1×　誤り。公の営造物には動産も含まれる。

2◎　正しい。判例は，本肢のように判示している。

3×　誤り。判例は，河川の治水事業の実施には財政的・技術的・社会的制約が内在することを認め，未改修河川の安全性としては，これらの諸制約のもとで施行されてきた治水事業によるいわば過渡的な安全性で足りるとする。よって，河川の管理については，財政的制約が免責事由となることがありうる。

4×　誤り。費用負担者も賠償責任を負うことがある。

5×　誤り。判例は，公の営造物である空港の騒音については，空港の利用者だけでなく，空港の周辺住民のような利用者以外の第三者も，損害賠償請求をすることができるとする。

正答 **2**

専門試験
民法

No.16

代理権

理想解答時間 3分
合格者正答率 80%

BはAから与えられた代理権に基づいてCとの間で売買契約を締結した。この場合の法律関係について妥当なものはどれか。

得点源とするには努力が必要

1 Bが未成年者であった場合には，Bの法定代理人が追認しなければ契約は成立しない。

2 Bが未成年者であった場合，Cがそのことを知って契約を締結したという事情があれば，契約は無効となる。

3 Bが未成年者であることを知ったCが，Aに契約を追認するかどうかを催告したが，相当期間内に確答がなかった場合は，Aは追認を拒絶したものとみなされる。

4 BがAを代理して締結した契約がCの強迫によるものであった場合，Aはこの契約を取り消すことができる。

5 BがCからも代理権を与えられ，A，C両者の代理人として契約を締結した場合には，A，Cがともに契約を追認しても，契約は無効となる。

この問題の特徴

代理のテーマは，A日程・B日程・C日程のどの試験においても，いつ出題されてもおかしくないテーマです。とはいえ，代理については条文数も重要な判例の数も多いため，安定的な得点源とするには，相応の努力が必要です。

学習の順番としては，本問で問われているような代理制度の基礎的な部分を正確に押さえておかないと，発展的な部分で混乱する可能性があります。よって，まずは代理制度の基礎的部分を正確に押さえましょう。

正答率は，初学者で40%，受験時で80%程度であると推測できます。

選択肢の難易度

選択肢**1**・**2**・**3**は代理人は行為能力者であることを要しないという知識を理解して押さえていれば判断できます。**4**も**5**も代理の分野の基本的な制度について問うものですので，正確な理解ができていれば正答に達することはそれほど難しくはないでしょう。

解説

1×　誤り。代理人は行為能力者でなくてもよく，代理行為の効果は代理人には帰属しないため，代理人が不利な状態に陥ることもないため，法定代理人の同意は必要ない。

2×　誤り。代理人は行為能力者でなくてもよいので，本肢の事情の有無を問わず，契約は無効とはならない。

3×　誤り。代理人は行為能力者でなくてもよく，追認の催告や確答といった制度はこの場合には存在しない。

4◎　正しい。代理行為における意思表示の効力が強迫等によって影響を受ける場合は，その事実の有無は代理人について決せられるからである。

5×　誤り。双方の代理人となった代理行為は無権代理行為となり，双方の本人がともに追認すれば有効な代理行為となる。

正答 **4**

No.17

占有訴権

理想解答時間 4分

合格者正答率 70%

市役所ではたまに出る

AはBから車を借り，夜間はAの駐車場に車を置いていたところ，この車をCに盗まれた。この場合の法律関係に関する次の記述のうち，妥当なものはどれか。

1　BがCの家にこの車が止めてあるのを見つけた場合，BはCの家からこの車を持ち去って自力で取り戻すことができる。

2　Aは所有者ではないから，Cに対して占有回収の訴えを提起することはできない。

3　Aが自己の財産と同一の注意をもって車を管理していた場合，Bに対して責任を負うことはない。

4　善意のDが，平穏かつ公然にCからこの車を買い受けた場合，車の所有権は確定的にDに移るので，AはDに対して占有回収の訴えを提起できない。

5　Eはこの車をCから購入し，その際，ひょっとしたら盗品かもしれないと疑っていたが，確定的に盗品であるとは思っていなかったとしても，Eは使用利益を返還しなければならない。

この問題の特徴

占有の分野のうちでも占有訴権はやや細かい部分ですが，市役所B・C日程の対策としては十分な準備が必要です。

正答率は，初学者で30%，受験時で70%程度であると推測できます。

選択肢の難易度

選択肢**1**・**2**・**3**は基本的な知識を問う選択肢であるといえます。**4**は結論ではなく理由の部分が誤りとなっているため，理解ができていないと迷ってしまう選択肢です。正答の選択肢**5**は，正確に判断するためにはやや細かい判例の知識が必要となります。ただし，消去法や常識的な判断によっても正答に到達することも可能でしょう。

解説

1×　誤り。自力救済は例外的な場合を除き認められない。

2×　誤り。占有回収の訴えは占有者であれば提起できる。

3×　誤り。AがBの車に対して負う注意義務の程度は，自己の財産におけるのと同一の注意義務よりも重い，善管注意義務である。

4×　誤り。占有回収の訴えは占有侵奪者の善意の特定承継人に対しては提起できないが，その理由は善意者の下で平穏な占有状態が形成されるからであり，本肢のように所有権が移転するからではない。

5◎　正しい。疑いを持っていた占有は悪意の占有とするのが判例であり，また，別の判例は，悪意占有者が返還すべき果実には使用利益も含まれるとする。

正答 5

専門試験
民法

No.18

保証債務

理想解答時間 3分

合格者正答率 90%

民法に定める保証債務に関する記述として，妥当なものはどれか。

条文の知識のみで解ける！

1　保証契約は，主たる債務者と保証人になろうとする者との間で，書面によって締結されなければ有効とはならない。

2　保証人は，主たる債務者の意思に反して保証契約を締結することができない。

3　保証債務の内容は，主たる債務の内容と同一もしくはそれよりも軽いものでなければならないが，保証人が任意に同意すれば，主たる債務より重い責任の負担を課すことができる。

4　主たる債務者が債務を承認した場合の時効の完成猶予の効力は，主たる債務者だけでなく，保証人にも及ぶ。

5　連帯保証人が負担する連帯保証債務の内容が主たる債務より重い場合でも，連帯保証債務は主たる債務の限度に減縮しない。

この問題の特徴

保証債務は，連帯債務とともに債権総論の分野では，市役所の試験での頻出テーマです。

正答率は，条文の知識のみの出題であるため，初学者で40%，受験時で90%以上であると推測できます。

選択肢の難易度

選択肢**1**はよく読まないと前半を見落としてしまう可能性があります。**2**は求償に関する条文の存在を知っていれば判断が可能でしょう。**3**は保証債務の本質についての理解が必要な選択肢で，やや細かいです。正答の選択肢**4**は基礎的な条文の知識です。**5**は通常の保証と連帯保証との異同について正確に押さえてあれば判断できます。

解説

1×　誤り。保証契約の当事者は，債権者と保証人になろうとする者である。なお，保証契約は，書面でしなければ効力を生じないから，後半は正しい。

2×　誤り。保証人は，主たる債務者の意思に反しても，保証契約を締結することができる。もっとも，この場合には保証人が保証債務の弁済等をした後に主たる債務者に対して求償できる範囲は，主たる債務者が現存利益を有する限度に限られる。

3×　誤り。保証人の負担が主たる債務より重い場合は主たる債務の限度に縮減されるように，保証債務の従たる性質から，保証人の同意があっても，保証人に主たる債務より重い責任の負担を課すことはできない。

4◎　正しい。本肢のとおりである。

5×　誤り。保証債務の付従性については，連帯保証債務も通常の保証債務も変わりはない。

正答 **4**

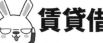

No.19

賃貸借

理想解答時間 3分

合格者正答率 80%

やややこしい用語に要注意！

賃貸借に関する次の記述のうち，妥当なものはどれか。

1 賃貸借は要物契約であり，賃貸目的物を賃借人に引き渡さなければ，契約は成立しない。

2 賃借人が賃貸人に無断で譲渡・転貸を行ったときは，賃貸借契約はただちに失効する。

3 賃借人の承諾を得て転貸が行われたときは，賃貸人は直接転借人に賃料を請求することができる。

4 賃貸人は，賃借人が賃借物に関して必要費・有益費を支出したときは，ただちにこれを償還する義務を負う。

5 転貸借関係は賃貸借関係を基礎に成立するものであるから，賃貸借契約が合意解約された場合には，転借人の賃借権もまた消滅する。

この問題の特徴

契約各論の中では，賃貸借は比較的出題の多いテーマです。

正答率は，初学者で40%，受験時で80%程度であると推測できます。

選択肢の難易度

基本的な難易度は低いですが，まぎらわしい用語が多く，そのうえ「賃貸人」「賃借人」など漢字の見た目が似ているものが並んでいるので，ミスを犯しやすいところです。思い込みで読んでしまわないように注意してください。

解説

1× 誤り。賃貸借契約は諾成契約である。賃貸人が賃借人に目的物を引き渡さなければ，賃借人はその使用と収益ができないため，対価としての賃料が発生しないというだけである。

2× 誤り。賃貸人に解除権が発生する。

3◎ 正しい。

4× 誤り。有益費の場合には，償還の時期は賃貸借契約終了時とされている。

5× 誤り。当事者の同意を第三者（転借人）の権利を不当に侵害することは許されず，賃貸人は解除の効果を転借人に対抗できない。

正答 3

専門試験
民法

No.20

夫婦の財産関係

理想解答時間 3分
合格者正答率 90%

民法の基本問題

夫婦の財産関係に関する次の記述のうち，妥当なものはどれか。

1 判例は，日常家事による債務を夫婦の連帯責任とする民法の規定は，同時に日常家事による債務について夫婦が相互に他方を代理することができることをも意味すると解している。

2 夫婦のおのおのが婚姻以前から所有していた不動産は，婚姻前に夫婦財産契約を登記した場合を除き，夫婦の共有と推定される。

3 判例は，夫名義で取得した財産であっても，妻が協力しているような場合には，夫婦の共有になるとしている。

4 判例は，婚姻費用は夫婦が分担して負担することになるとする民法の規定の内縁関係への準用を認めていない。

5 夫が妻に財産を贈与する約束をしたときは，夫は妻の同意のない限り，この贈与の約束を取り消すことができない。

この問題の特徴

市役所の試験においては，家族法の分野では相続人と法定相続の次に頻出のテーマです。

正答の選択肢は頻出のものですので，初学者で40%，受験時で90%以上での正答率と推測できます。

選択肢の難易度

正答の選択肢**1**は，過去問で頻出の基礎的な判例ですから容易な部類に属します。**2**・**4**・**5**も基礎的な知識ですから，判断は容易だと思われます。**3**は見慣れない判例ですから戸惑うかもしれません。ですので，自信を持って**1**を正答と選択できるかがポイントとなるでしょう。

解説

1◎　正しい。判例は本肢のように解している。

2×　誤り。夫婦おのおのが婚姻前から所有する財産は，夫婦財産契約の登記をしなくても，その者の特有財産（夫婦の一方が単独で有する財産）である。

3×　誤り。夫が婚姻中に自己の名義で取得した財産は，夫の特有財産となり，また，判例は，この制度は合憲であるとして，本肢のように妻が協力していた場合について例外を認めない。

4×　誤り。判例は，婚姻費用分担の規定を内縁関係への準用を認める。

5×　誤り。夫婦間の契約は，婚姻中はいつでも夫婦の一方から取り消すことができる。

正答 1

No.21

くもの巣理論

理想解答時間 2分

合格者正答率 70%

以下の図はある財の需給関係を示したものである。くもの巣理論に従って安定的であるものの組合せとして，正しいものはどれか。

1 アとイ
2 アとウ
3 アとエ
4 イとウ
5 イとエ

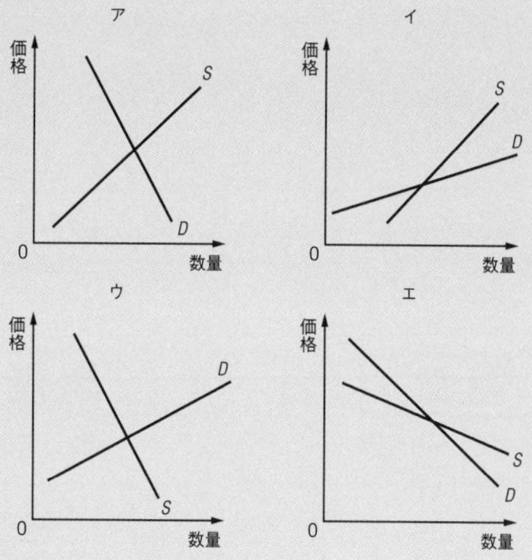

解法は
いろいろある

この問題の特徴

くもの巣理論をはじめとする市場調整メカニズムは，過去Ｂ日程で集中的に出題されたテーマの一つです。

問われている内容はたった１つだけなのですが，４つある図の中から正しいもの２つの組合せを答えさせる形式で，難しくされています。とはいえ，「くもの巣理論」は初級・入門レベルのミクロ経済学のテキストでも出てくる内容であることを考慮すれば，学習開始時点で正答できる人は30%程度いるでしょう。

解答のコツ

試験というと，解法は一つと考える受験者もいるようですが，決してそうとは限りません。本問の場合，各図に調整されていくプロセスを矢印で書き込んで解く方法もあれば，後述する解説のように需要曲線と供給曲線の傾き（絶対値）に着目して解く方法もあります。

得意な方法だけを覚えておくのではなく，いろいろな状況に応じて使い分けられるように準備しておくとより万全でしょう。

解説

くもの巣調整過程では，供給曲線の傾き（絶対値）が需要曲線の傾き（絶対値）より大きいとき，均衡は安定となる。この条件を満たす図はイとウだから，**4**が正答である。

正答 4

専門試験

経済原論

No.22 需要の価格弾力性

理想解答時間 3分

合格者正答率 80%

ある財の値段が200円から192円に低下したとき，需要の価格弾力性は1.6であった。需要量の変化率はいくらか。

1 0.4%

2 1.6%

3 3.2%

4 4.8%

5 6.4%

公式を覚えていれば解ける

この問題の特徴

需要の価格弾力性は，ほぼ毎年どこかの試験で出題されているテーマです。

本問は与えられた数値を公式に代入するだけなので，学習開始時点で正答できる人は30%程度いるでしょう。上述したように，B日程とC日程では頻出のテーマなので，これらの日程の志望者は100%正答できるようになっておきたいものです。

解答のコツ

人がすることにミスはつきものです。ですから，試験時間を配分するときに，必ず確保しておきたいのが見直し時間です。しかし，せっかく見直し時間を確保しても，どこで何を検討・計算したのかわからないようでは，単なるタイムロスにすぎません。

計算問題の場合，見直し時に，何をどのような順番で計算したのかがわかるようにメモしておくことが大切です。メモとはいえ，くれぐれも丁寧な字で書くようにしておくことが肝要です。

解説

需要の価格弾力性は，

$$\text{需要の価格弾力性}=\frac{\text{需要量の変化率}}{-\text{価格の変化率}}$$

で計算できる。

本問では，財の値段が200円から192円に低下したとき，すなわち価格が

$\frac{(192-200)}{200}\times 100=-4$〔%〕変化したときの需要の価格弾力性が1.6であることが想定されている。これらの値を上の式に代入すると，

$$1.6=-\frac{\text{需要量の変化率}}{(-4)}$$

$$=\frac{\text{需要量の変化率}}{4}$$

∴　需要量の変化率＝6.4〔%〕

となる。

よって，**5**が正答である。

正答 5

No.23

無差別曲線

理想解答時間 2分
合格者正答率 70%

次の図は，縦軸にコーヒーの消費量，横軸にケーキの消費量をとって描いた，ある消費者の無差別曲線である。この消費者の好みの説明として妥当なものはどれか。なお，図中のUは効用水準を表している。

まずは選択肢を見てみよう

1　コーヒーとケーキを同時に消費するより，ケーキのみを消費するほうを好む。

2　コーヒーは好きだが，ケーキは嫌いである。

3　ケーキは好きだが，コーヒーは嫌いである。

4　コーヒーとケーキを同時に消費しなければ，満足できない。

5　コーヒーとケーキのどちらも嫌いである。

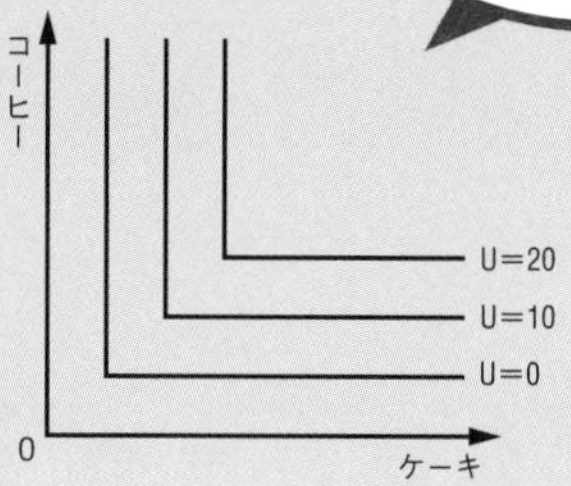

この問題の特徴

無差別曲線は，C日程を中心にして，数年おきに出題される傾向があるテーマです。学習開始時点で正答できる人は30%程度でしょう。L字型の無差別曲線という特殊ケースが扱われているため，戸惑いを感じる人もいるかもしれませんが，確実に得点できるようになっておきたい問題です。

解答のコツ

選択肢のうち正しいものを1つ答える「単純正誤形式」の問題では，選択肢**1**から順番に検討していく受験者がいますが，まず選択肢全体を見ると，効率的な解法を見いだせることがあります。

本問の場合，選択肢**2**と**3**と**5**を見比べると，「コーヒーとケーキのどちらも好きである」という選択肢だけがないことに気づくはずです。そこで，この仮想的な選択肢を検討した結果が正しければ選択肢**2**と**3**と**5**は誤りとなり，仮想的な選択肢が誤りならば選択肢**2**と**3**と**5**の中に正答があることになります。

解説

1×　誤り。無差別曲線の水平部分では，ケーキのみ消費を増やしても同一無差別曲線上なので，同時に消費するほうを好む。

2×　誤り。無差別曲線の垂直部分には，ケーキの消費量の増加だけで右上の無差別曲線に移れる部分があるので，ケーキも好きである。

3×　誤り。無差別曲線の水平部分には，コーヒーの消費量の増加だけで右上の無差別曲線に移れる部分があるので，コーヒーも好きである。

4◎　正しい。

5×　誤り。ケーキとコーヒーの消費量を同時に増やすと右上の無差別曲線に移れるので，両財ともに好きである。

正答 **4**

専門試験
経済原論

No.24

独占企業の利潤最大化

理想解答時間 3分

合格者正答率 60%

ある独占企業の需要関数が$P=-2x+80$であり，総費用関数が$C=40x$で表される（P：価格，x：生産量，C：費用）とき，この企業の利益の最大値は次のうちどれか。ただし，利益＝売上－費用とする。

1 500
2 400
3 300
4 200
5 100

計算問題は増加傾向！

この問題の特徴

独占企業の行動は，A日程，B日程，C日程のいずれにおいても，頻出テーマの一つであり，近年ではほぼ毎年いずれかの試験で出題されています。

純粋な計算問題であるため，平易と感じる人と難しいと感じる人に二分される問題となっています。学習時点で正答できる人は10%程度でしょう。

解答のコツ

近年の公務員試験では計算問題が増えてきています。その中で知っておくと便利なのが微分です。文系学部の人には厄介に感じるかもしれませんが，高校数学の学習範囲で十分なので，ぜひ習得しておきましょう。習得すると，後述する解法が面倒であることがわかるはずです。

解説

独占企業は，限界収入と限界費用が一致する生産量を選ぶことで利潤を最大にできる。

本問では，需要曲線が右下がりの直線だから，限界収入曲線は需要曲線の傾きを2倍にしたものとなる。

$$限界収入=2\times(-2)x+80$$
$$=-4x+80$$

他方，総費用関数の総費用と生産量について変化分をとったもの

$$\Delta C=40\Delta x$$

を生産量の増分Δxで割った値だから，

$$限界費用=40\Delta x\div\Delta x=40$$

となる。

ここで，独占企業の利潤最大化条件を使えば，利潤を最大にする生産量が，

$$-4x+80=40$$
$$x=10$$

であることがわかる。

さらに，企業の売上げが価格P，すなわち需要関数に生産量xをかけたものであることに注意して，上で求めた生産量を代入すれば，利益は，

$$(-2\times10+80)\times10-40\times10=200$$

となるので，**4**が正答である。

正答 4

専門試験
経済原論

No.25 価格統制

理想解答時間 3分　合格者正答率 70%

米の需要曲線と供給曲線がそれぞれ，

$P_d = -2Q + 100$

$P_s = 2Q + 40$

（P_d：米の需要価格，P_s：米の供給価格，Q：取引量）

で表されている。

このとき，政府が米価を60に統制した場合の消費者余剰はいくらか。

1　300

2　275

3　225

4　175

5　150

図を使って考えよう！

この問題の特徴

余剰分析は，A日程，B日程，C日程のいずれにおいても，頻出テーマの一つであり，近年ではほぼ毎年いずれかの試験で出題されています。

本問は消費者余剰だけを問われている点で平易な問題ではありますが，学習開始時点で正答できる人は20%程度でしょう。

解答のコツ

マクロ経済学・ミクロ経済学をベースにした理論問題では，文章または数式は図に，また図は文章に変換できるようにしておくと，意外に簡単に正答を導出できることがあります。

特に余剰分析の問題は頻出なので，この変換作業ができるようにしっかり学習しておくことが肝要です。

解説

価格が60に統制されると，供給量が，

$60 = P_s = 2Q + 40$

$2Q = 60 - 40$

$\therefore \quad Q = 10$

に制限され，それ以上の取引ができなくなる。したがって，価格統制されたときの消費者余剰は太線で囲まれた部分の面積となる（下図）。

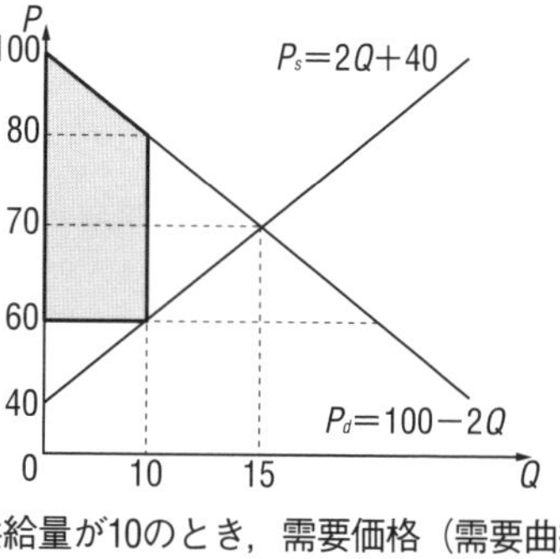

供給量が10のとき，需要価格（需要曲線の高さ）は，

$P_d = -2 \times 10 + 100 = 80$

だから，太線で囲まれた部分の面積は，

$\{(80-60)+(100-60)\} \times 10 \div 2 = 300$

である。

よって，**1**が正答である。

正答 1

No.26

GDPの概念

理想解答時間 3分
合格者正答率 60%

平易なテーマだが意外に難しい問題

A～EのうちGDPに含まれるものの組合せとして妥当なものは，次のうちどれか。

A　株式の売買収益
B　個人による美術品の購入
C　農家の自家消費
D　中古住宅の購入
E　家政婦が実家の家事労働として得た実質賃金

1　AとB
2　AとE
3　BとC
4　CとD
5　DとE

この問題の特徴

「GDPの概念」という出題テーマ自体は教養試験で出題されてもおかしくない極めて平易なテーマです。

しかしそのようなテーマであっても，正しいものの組合せを選ぶという形式をとって難易度が高められ，専門試験で出題されることがあるという格好の見本です。

消去法では対応できないので，初学者にとっては難しく，学習開始時点で正答できる人は15%程度でしょう。

解答のコツ

試験では1問当たりを数分で解かなければならないということから，焦燥感にあおられることが少なくありません。しかし，試験だからこそ，平常心を保つことが肝要です。

本問題では，Eにおいて，受験者の焦燥感をあおる表現がなされています。この文章の本質は，「実家の家事労働として得た賃金」が含まれるか否かを問うているのであって，だれが稼いだかは関係なく，またGDPに含まれるか否かが問われているわけですから，実質か名目かも関係ない文言なのです。

試験時に平常心を保つために，ある程度解き進んだら深呼吸をするというのも一つの工夫です。

解説

A×　誤り。資産取引に伴う売買収益はフローとストックをつなぐ調整勘定に記録される。
B○　正しい。ただし，企業が購入した場合には含まれない。
C○　正しい。
D×　誤り。中古住宅の取引は資産取引なので，含めない。
E×　誤り。家事労働で得た報酬は帰属計算されない。

よって，正しいのはBとCなので，**3**が正答である。

正答 3

No.27

IS-LM分析

理想解答時間 2分　合格者正答率 70%

超頻出テーマ！

IS-LM分析において所得税を減税した場合に関する記述として妥当なものはどれか。

1　国民所得は減り，利子率は下がる。

2　国民所得は増え，利子率は下がる。

3　国民所得は減り，利子率は上がる。

4　国民所得は増え，利子率は上がる。

5　国民所得も利子率も，ともに変化しない。

この問題の特徴

*IS-LM*モデルは，教養・専門試験双方を通じて，A日程，B日程，C日程のどこかで毎年のように出題されている超頻出テーマです。

本問はモデルの数式も，図も与えられていない点で難しくなっています。しかし経済学部の学生（出身者）の受験者がいることから，学習開始時点で正答できる人は20%程度でしょう。

解答のコツ

本問を見て，すぐに正答を選んだ人は要注意です。というのも，選択肢にはありませんが，「国民所得が増えても，利子率が一定である」というケースを学んだ（学ぶ）はずだからです。経済が「流動性のわな」に陥っているケースです。

近年の公務員試験では，かなり正確に問題が提示されるようになってきていますが，まだ曖昧さが残っているケースがあります。このようなケースに直面した場合には，標準的なケースを想定して答えるのが常套手段です。そのためにも，学習時には，標準モデルはどれかを必ず確認しておきましょう。

解説

*IS-LM*分析では，一般に，ケインズ型消費関数を想定し，縦軸に利子率を，横軸に国民所得を測って描いた*IS*曲線は右下がり，*LM*曲線は右上がりとなるものと想定する。

この想定のもとで，所得税が減税されると，国民の可処分所得が増え，消費が増えるので*IS*曲線が右へシフトする。その結果，国民所得は増加し，利子率は上昇する。

よって，**4**が正答である。

正答 **4**

専門試験
経済原論

No.28 貨幣乗数

理想解答時間 2分
合格者正答率 60%

今，現金預金比率が0.2，支払準備率が0.1であるとき，1,000億円だけマネーサプライを増やすには，いくらのハイパワード・マネーを増加させる必要があるか。

1 100億円
2 150億円
3 200億円
4 250億円
5 300億円

出題形式はパターン化されている！

この問題の特徴

貨幣供給・貨幣需要に関する出題は，以前は集中的に出題されていました。

経済学部の学生でも金融系の講義に参加していなければ，一度も聞くことなく卒業してしまう可能性もある内容です。よって，学習開始時点で正答できる人は10%程度でしょう。しかし，出題形式はおおむねパターン化されており，平易な内容なので，必ず正答したい問題です。

解答のコツ

試験時には，1問解くと次の問題が気になるものです。しかし，あまり焦って解いてもろくなことはありません。平易に検証できるものは，検証して確実に得点につなげるべきです。

本問の場合のチェックポイントは，貨幣乗数の計算で計算間違いしていないか，出てきた答えに求めた貨幣乗数をかければ1000億円になるかという，たった2つだけです。さほど時間は要しないでしょう。

解説

貨幣乗数 m は一般に，

$$m=\frac{(\text{現金預金比率}+1)}{(\text{現金預金比率}+\text{支払準備率})}$$

で求めることができる。よって，本問では，

$$m=\frac{(0.2+1)}{(0.2+0.1)}=4$$

である。

また，マネーサプライ M とハイパワード・マネー H の間には，

$M=mH$

という関係があるので，ハイパワード・マネーが1円増加するとマネーサプライは m 円増加することになる。

よって，$m=4$ の下でマネーサプライを1000億円増加させるためには，ハイパワード・マネーを，

1000億円÷4＝250億円

増加させる必要がある。

よって，**4**が正答である。

正答 4

No.29

恒常所得仮説

理想解答時間 2分

合格者正答率 50%

恒常所得仮説に関する次の記述のうち，妥当なものはどれか。

1 恒常所得仮説によれば，消費は変動所得に依存し，限界消費性向は短期よりも長期のほうが大きくなっている。

2 恒常所得仮説によれば，消費は変動所得に依存し，限界消費性向は短期よりも長期のほうが小さくなっている。

3 恒常所得仮説によれば，消費は恒常所得に依存し，限界消費性向は短期よりも長期のほうが大きくなっている。

4 恒常所得仮説によれば，消費は恒常所得に依存し，限界消費性向は短期よりも長期のほうが小さくなっている。

5 恒常所得仮説によれば，消費は生涯所得に依存し，限界消費性向は短期も長期も同じである。

よく似た表現に惑わされるな！

この問題の特徴

恒常所得仮説をはじめ，消費関数に関する出題は，集中的に出題されることが多いテーマです。

本問は，数ある消費に関する仮説の中で恒常所得仮説だけに集中していることから，比較的容易な問題です。しかし，よく似た表現の繰り返しなので，検討中に混乱してくる受験者もいるでしょう。学習開始時点で正答できる人は10%程度でしょう。

選択肢の難易度

経済学の世界でも，顕著な功績を残した考え方・仮説に対して呼称がつけられています。こうした呼称には，それを提唱した人名あるいはその考え方のキーワードが付されているのが一般的です。ですから，この種の問題では，このことを逆に利用して選択肢を絞り込んでいくのも一つの工夫です。

本問の場合，「恒常所得仮説」について問われているわけですから，この仮説のキーワードが「恒常所得」であると類推でき，選択肢を**3**と**4**に絞り込むことができるでしょう。

解説

恒常所得仮説では，家計の所得を恒常所得（毎期平均的に得られる所得）と変動所得（臨時的に得られる所得）に分け，家計の消費は恒常所得によって決まると考えた（**1**，**2**，**5**は誤り）。

そのため，同じ所得の増加であっても，それが一時的（短期的）なものだと判断された場合には消費はほとんど増えず，恒常的（長期的）なものだと判断された場合には消費が増えると考える。つまり，限界消費性向（所得が１円増加したときの消費の増加分）は，短期よりも長期のほうが大きくなっていると考えたわけである（**2**，**4**，**5**は誤り）。

よって，**3**が正答である。

正答 3

No.30

景気循環

理想解答時間 2分　合格者正答率 70%

景気循環に関する次の記述の空欄に当てはまる語句の組合せとして妥当なものはどれか。

景気循環には3つの種類があり，コンドラチェフの波は（　ア　）年を周期とする長期の波動である。さらに，7～10年を周期とする中期の波動は（　イ　）の変動に起因する。そして，約40か月を周期とする短期の（　ウ　）の波は（　エ　）の変動が主因である。

	ア	イ	ウ	エ
1	90～100	公共投資	キチン	在庫投資
2	50～60	在庫投資	ジュグラー	設備投資
3	50～60	設備投資	キチン	在庫投資
4	10～20	設備投資	キチン	公共投資
5	10～20	公共投資	ジュグラー	設備投資

選択語句から正答を予想できる！

この問題の特徴

景気循環・経済成長論は，周期的に出題されているテーマの一つです。

学習開始時点で正答できる人は20%程度でしょうが，本問は，初級・入門レベルのマクロ経済学等のテキストでも紹介される内容であり，出題パターンが変わっても正答したい問題です。

解答のコツ

知識を問う問題では，丸暗記できていなくても，選択肢の中から正答を絞り込むことができることがあります。

本問の場合，景気変動の要因で選択肢を絞り込むことができます。選択語句には，在庫投資，設備投資そして公共投資の3つがありますが，公共投資は公的部門だけが行うものです。国民の安定した生活を確保すべき，公的部門が景気変動をつくり出していては元も子もありません。

さらに，残った設備投資と在庫投資を比較すると，在庫が毎日のように変動するのに対して，設備はある一定期間の生産計画を立てて行われるものであることは想像に難くありません。この2つのことから，**3**が正答であろうと予想できるのです。

試験時には，たとえ知識型の問題であっても，常識的に考えることによって，正答を絞り込めることがあるので，ある程度の執着心を持ちたいものです。

解説

景気変動には，在庫投資（エ）が主要因で約40か月を周期とするキチンの波（ウ），設備投資（イ）が主要因で7～10年を周期とするジュグラーの波，建設投資が主要因で約20年を周期とするクズネッツの波，そして技術革新が主要因で50～60年（ア）を周期とするコンドラチェフの波がある。

よって，**3**が正答である。

正答 3

No.31

消費税と所得税

理想解答時間 3分

合格者正答率 60%

消費税と所得税の性質について述べた次の記述のうち，正しいものはどれか。

高校の学習内容と重複する部分もある

1 消費税は余暇と労働供給との選択になんら影響を及ぼさないが，所得税は影響を及ぼすと考えられる。

2 消費税は消費と貯蓄の両方を減少させるが，所得税は貯蓄に対してのみ影響を及ぼすと考えられる。

3 消費税と所得税では担税感が異なり，消費税のほうが所得税よりも担税感が大きいと考えられる。

4 所得税は納税者と租税負担者が異なっている場合があるが，消費税では一致していると考えられる。

5 市場メカニズムを阻害したり財の需給に影響を及ぼす効果は，消費税よりも所得税のほうが大きいと考えられる。

この問題の特徴

租税の中でも，間接税の代表である消費税と直接税の代表である所得税についてはいろいろな形で出題されることの多いテーマの一つです。

財政学としては学んでいなくても，高校の学習内容と重複する部分もあるので，学習開始時点で正答できる人は15%程度いるでしょう。

解答のコツ

公務員試験では，ある特定のことを別の表現・語句を用いて出題されることがしばしばあります。ですから，解答する際にも，別の表現・語句に置き換えて考えてみると比較的容易に解くことができることがあります。

本問の選択肢**4**は，消費税は間接税，所得税は直接税と置き換えて考えてみると，テキストに必出の内容であり，高校の学習内容とも重複するので，すぐに誤りだとわかるでしょう。このように，問題（選択肢）はそのまま受け入れるのではなく，置き換えて考えてみるというのも一つの工夫です。

解説

1◎ 正しい。

2× 誤り。所得税は消費に対しても影響を与える。消費税は基本的には消費のみに影響を与えるが，所得に対する影響がないとは言い切れない。

3× 誤り。消費税のほうが所得税よりも担税感が小さい。

4× 誤り。所得税（直接税）と消費税（間接税）の説明が逆である。

5× 誤り。所得税は市場メカニズムを阻害しないが。財単位で課税税率が定められる消費税は，市場メカニズムを阻害することがある。

正答 1

No.32 減税の効果

理想解答時間 3分　合格者正答率 50%

頻出テーマだが難易度は高い

次のマクロ経済モデルの下で，輸入額を5兆円増加させるためには，いくら減税すればよいか。

$Y=C+I+G+X-M$

$C=a+0.8(Y-T)$

$M=b+0.2Y$

ただし，Y：国民所得，C：消費，I：投資，G：政府支出，T：租税，X：輸出，M：輸入，a，bは定数。

1　10.0兆円

2　12.5兆円

3　15.0兆円

4　17.5兆円

5　20.0兆円

この問題の特徴

乗数効果は，教養試験・専門試験を通じて頻出のテーマです。

本問は，開放マクロ経済モデルを想定しているうえに，政府支出ではなく租税を使って，国民所得ではなく輸入額を一定額増やすための政策を問われていることから，難しい問題となっています。学習開始時点で正答できる人は10%程度でしょう。

解答のコツ

公務員試験の多くの問題はパターン化されています。ですから，答えを求める式の多くが公式「的」に使えます。しかし，問題のモデルが変わると，たちまち使えなくなるので注意しましょう。

意外なところに落とし穴があるかもしれないので，学習時には，必ずなぜそのような式で求めることができるのか確認しておくことが肝要です。

解説

第1式に他の式を代入して整理すると，

$Y=a+0.8(Y-T)+I+G+X-(b+0.2Y)$

$\quad =a+0.6Y-0.8T+I+G+X-b$

$0.4Y=a-b+I+G+X-0.8T$

$\therefore\quad Y=2.5(a-b+I+G+X)-2T$

となる。この式は，1円の減税がなされる（Tの値が1減ると）と，国民所得が2円増えることを意味している。

また，第3式は，国民所得が2円増えると輸入が0.4円増えることを意味しているから，1円の減税は輸入を0.4円増やすことになる。よって，輸入を5兆円増やすためには，5兆円÷0.4＝12.5兆円の減税が必要なので，**2**が正答である。

正答 **2**

No.33

純粋公共財

理想解答時間 2分

合格者正答率 60%

簡単そうに見えるが…

次のうち，純粋公共財であるものはどれか。

1　警察，国防
2　国立公園
3　水道
4　高速道路
5　市立図書館

この問題の特徴

公共財は，B日程とC日程で，周期的に出題されているテーマの一つです。

本問は，正答はテキストにしばしば頻出されている事例ですが，誤りの選択肢が私的財ではなく，準公共財である点で難しくなっています。学習開始時点で正答できる人は15%程度でしょう。

解答のコツ

問題文には，いろいろな形でヒントが隠されているものです。そのヒントを見つけ出すのも，正答率を高める一つの工夫です。

本問では，選択肢**4**で「高速道路」が挙がっています。この選択肢のポイントは「道路」ではなく「高速道路」とわざわざ指定されている点です。ですから，一般道路と高速道路の違いを考えてみると，高速道路は「有料である」という特徴が出てきます。

また，選択肢**2**と**5**で，わざわざ「公立」であることが記されているのもヒントです。もし公的機関が提供するものが純粋公共財ならば，正答は1つであるという問題設定と矛盾してしまいます。つまり，公的機関が提供するからといって純粋公共財ではないことがわかります。

解説

1◎　正しい。

2×　誤り。入場料を課して入場者を制限されており，排除可能である。

3×　誤り。利用料金を払わなければ利用できず，排除可能である。

4×　誤り。利用料金を払わなければ利用できず，排除可能である。

5×　誤り。年齢制限や市民であることを条件に，そのサービスが制限されることがあり，排除可能である。

正答 1

No.34 UV曲線

理想解答時間 3分　合格者正答率 75%

図のようなUV曲線（縦軸に失業，横軸に未充足求人をとる）が認められる経済に関する次の記述のうち，妥当なものはどれか。

ケアレスミスに注意！

1　a点の状態では，非自発的失業は存在しないが，摩擦的失業が存在する。

2　a点の状態では，摩擦的失業は存在しないが，非自発的失業が存在する。

3　b点の状態では，非自発的失業は存在しないが，摩擦的失業が存在する。

4　b点の状態では，摩擦的失業は存在しないが，非自発的失業が存在する。

5　c点の状態では，非自発的失業と摩擦的失業の両方が存在する。

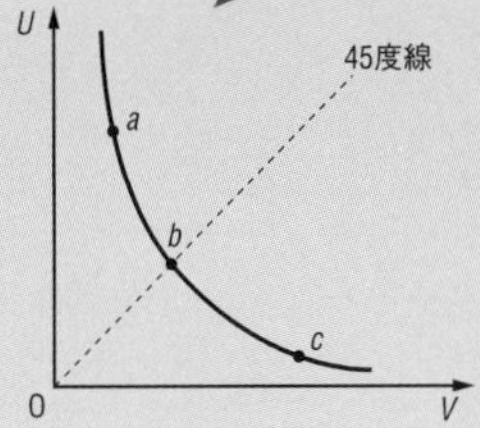

この問題の特徴

UV曲線は，市役所の社会政策で頻出のテーマです。グラフを見たとたんに拒否反応を示す受験者もいますが，UV曲線の読み方を身につけるのはさほど大変なことではありません。学習開始時の正答率は35%程度と思われます。

解答のコツ

あらかじめ，UV曲線の見方を理解しておいてください。本問の場合，問題を解く前にグラフのUの脇に「失業率」，Vの脇に「欠員率」と明記しておくとよいでしょう。ケアレスミスを防げるはずです。過去の公務員試験では，縦軸と横軸を逆にした意地の悪い問題が出題されたことがあります。どんな場合でも，UとVをしっかり区別してください。

解説

1×　誤り。45度線より上方の領域では「U(失業率)＞V(欠員率)」となり，労働力供給超過の状態となっている。よって働きたくても職がない非自発的失業が存在する。

2×　誤り。**1**で解説したとおり，a点には確かに非自発的失業が存在する。しかし，供給超過でありながら欠員率がゼロではない（V≠0）ことから，摩擦的失業も存在する。

3◎　正しい。b点はUとVが一致する45度線上に位置している。需給が一致しているのに失業率がゼロにならない理由は，求人に応じていない失業者（摩擦的失業者）が存在するためである。

4×　誤り。**3**で解説したとおり，b点がある45度線上の領域では，UとVが一致している。よって，非自発的失業は存在しない。

5×　誤り。45度線より下の領域においては，U＜Vであり，人手を求める需要が働きたい人（供給）を上回っている。よって非自発的失業は存在しない。

正答 3

No.35

労働事情

理想解答時間 3分

合格者正答率 75%

わが国の近年の労働事情に関する次の記述のうち，妥当なものはどれか。

時事的話題を幅広く網羅

1　2021年平均の完全失業率は５％台まで上昇しており，これは正規雇用で働く者の減少によるものと考えられる。

2　わが国の労働組合は産業別労働組合が一般的であるが，近年は企業別労働組合の結成例も増えており，推定組織率は30％を超え上昇傾向にある。

3　男女雇用機会均等法では，男性労働者のみを募集するといった直接差別は禁止されているが，いわゆる間接差別は禁止されていない。

4　外国人雇用状況の届出により，わが国で働く外国人労働者の数を国別にみると，中国が最も多く，全体の過半数を占め，次いでフィリピン，インドネシアの順となっている。

5　高齢者の雇用安定のため，事業主は定年の引き上げ，定年制の廃止，継続雇用制度のいずれかを導入することが義務づけられているが，現在，最も普及しているのは継続雇用制度の導入である。

この問題の特徴

労働事情は市役所試験の古典的な頻出分野です。本問は完全失業率，労働者の労働問題，労使関係，非正規雇用等の話題を幅広く網羅していますが，難易度はさほど高くありません。しかし，これまで労働について学んだことのない初学者が正答するのは難しいと思われます。

解答のコツ

選択肢**1**はやや細かい情報を含んでいますが，年平均の完全率業率，若年層の完全失業率は，動態やおおまかな数値を記憶しておくべき事項です。**2**は一般的な社会科学の知識で正誤判断のつく選択肢といえます。**3**，**5**は法の内容について問うもの，**4**は労働統計からの出題となっており，公務員試験らしい内容です。いずれも難易度は高くありません。

解説

1×　誤り。2021年平均の完全失業率は2.8％である。正規雇用の割合は長年減少傾向にあったが，2015年からは増加傾向に転じている。

2×　誤り。わが国では企業別労働組合が一般的である。推定組織率は1980年代以降低下傾向にあり，近年は下げ止まっているものの，2021年は16.9％となっている。

3×　誤り。2006年に成立した改正男女雇用機会均等法では，間接差別が禁止された。

4×　誤り。日本で働く外国人労働者の出身国として最も多いのはベトナムで，その割合は2021年の数値で26.2％と過半数には達していない。ベトナムに次いで中国（23.0％），フィリピン（11.1％）となっている。

5◎　正しい。2020年現在，高年齢者雇用確保措置の実施企業のうち76.4％が継続雇用制度の導入を講じており，定年の引上げは20.9％，定年制の廃止は2.7％である。

正答 5

No.36

社会保障

理想解答時間 3分
合格者正答率 75%

わが国の社会保障制度に関する次の記述のうち，妥当なものはどれか。

耳慣れない用語に惑わされるな！

1 わが国の高齢化率（65歳以上人口が総人口に占める割合）はイギリスと並んで先進国中最高の水準に達しており，2013年には初めて30%を超えた。

2 介護保険制度は20歳以上の全国民から徴収した保険料および公費負担によって運営されているが，要介護者もサービスの受給に際して１割の自己負担を求められている。

3 バリアフリーとは高齢者や障害者にできるだけ普通の生活をしてもらうことを意味し，ノーマライゼーションとは高齢者や障害者の移動上の障害を取り除くことを意味する。

4 公的年金制度が保険原理に基づいて運営されているのに対し，生活保護制度は無償でサービスを与えられる点が特徴であり，支給に先立って本人の資力調査も行われている。

5 社会保障においては普遍主義と選別主義が区別されるが，普遍主義の例としては，一定の基準を満たせばだれでも受給できるわが国の生活保護制度を挙げることができる。

この問題の特徴

社会保障の典型問題です。難易度は基礎～中程度ですが，社会保障の知識がない初学者は正答するのが困難でしょう。学習開始時の正答率は，40%程度と思われます。

選択肢の難易度

誤った選択肢を消去し残った選択肢の中から正答を選び出すタイプの問題です。

1・2・3は基礎知識があれば容易に正誤判断ができます。**4・5**は難しい用語や発展的な論点を含んでいますが，惑わされてはいけません。制度の仕組みをきちんと理解していれば，正答を選べるはずです。

解説

1×　誤り。わが国の高齢化率は2019年に28.4%（過去最高）と先進国中最高水準だが，まだ30%は超えていない。またドイツやイタリアは20%を超えているが，イギリスは20%に達していない。

2×　誤り。介護保険では被保険者として40歳以上の者が保険料を納付する。サービス受給の際の自己負担は１割であるが，2015年８月より65歳以上の一定以上所得者については２割に引き上げられた。

3×　誤り。バリアフリーとノーマライゼーションの説明が反対になっている。

4◎　正しい。生活保護の受給に当たってはいくつかの条件がある。すなわち本人が働けないか働いても生活を維持できない，手持ちの資産がない，扶養義務者（実の親子，兄弟姉妹等）の扶養や他制度を利用しても生活ができない場合である。よって，受給に先立ち生活保護の要否，程度，種類等を決定するために資力調査が行われる。

5×　誤り。普遍主義とは一定の条件を満たせばだれにでもサービスを提供するという考え方，選別主義とは貧困等により自活できない者を選別してサービスを提供するという考え方である。わが国の生活保護制度は，資力調査の結果によってサービスを提供するので，選別主義に該当する。

正答 4

No.37

国際関係理論

理想解答時間 2分

合格者正答率 80%

以下の文章で表現されている国際関係理論として，妥当なものはどれか。

国際関係の基礎！

国際統合は，まず経済の領域において進められる。そして，それがやがて政治の領域へと浸透することにより，統合は一段と促進される。こうした考え方は，一般にスピルオーバー仮説と呼ばれている。

1　新機能主義

2　国際レジーム論

3　覇権安定論

4　世界システム論

5　リンケージ理論

この問題の特徴

国際関係理論の基本的な問題です。国際関係理論は市役所試験でも比較的頻出のテーマです。

解答のコツ

頻出のテーマではありますが，地方上級試験や国家一般職試験に比べると，突っ込んだ内容が問われることは少ないようです。各理論ともその特徴と学者名をしっかり押さえておけば対応できます。

解説

1◎　正しい。新機能主義は，ハースやモネによって提唱されたものである。

2×　誤り。国際レジーム論とは，国際的なルールが整備されて各国の協調行動が深まってくることで，国際関係の安定がもたらされると主張する理論で，コヘインやナイらがこれを提唱した。

3×　誤り。覇権安定論とは，覇権国が自らの負担において国際公共財を提供することで，国際関係の安定がもたらされると主張する理論で，ギルピンらがこれを提唱した。

4×　誤り。世界システム論とは，資本主義の世界経済システムが中心国・準周辺国・周辺国という構造で成り立っていることを主張する理論で，ウォーラーステインらがこれを提唱した。

5×　誤り。リンケージ理論とは，国内政治と国際政治の連繋に焦点を当てて分析しようとする理論で，ローズノウらがこれを提唱した。

正答 1

No.38

国際連合

理想解答時間 3分

合格者正答率 70%

集団安全保障（collective security）の制度化に関する次の記述のうち妥当なものはどれか。

国連に関する問題は頻出！

1 第一次世界大戦（1914〜1918年）後，国際連盟規約において，規約に違反して戦争に訴えた国に対する他の加盟国による制裁が規定され，これによって戦争の回避が図られたが，その制裁措置は不十分なものにとどまり，実効性に欠けていた。

2 第二次世界大戦（1939〜1945年）の経験を踏まえ，国連憲章においては，植民地の保有が違法な行為として規定され，植民地獲得競争に伴う戦争を抑止することにより，大規模戦争発生の回避が図られた。

3 朝鮮戦争（1950〜1953年）に際して国連安全保障理事会が拒否権濫用のため機能しなかった経験を踏まえ，総会が安全保障に関する措置を勧告する制度ができ，この総会の勧告は安全保障理事会を法的に拘束するという国連憲章改正が行われた。

4 スエズ動乱（1956〜1957年）の際，今日のPKOの先例となった国連緊急軍（UNEF）が派遣された。この国連緊急軍は，関係国の同意や要請を前提とせずに行われるという意味での強制的性格を特徴とした。

5 キューバ危機（1962年）の経験を踏まえ，国連総会は核不拡散条約を採択し，核保有国がその同盟国の領土に核兵器を持ちこまないことを約束したので，非核保有国のみならず核保有国にとっても，核戦争発生リスクが減少することになった。

この問題の特徴

国際連合の組織や機能，特に安全保障理事会の活動については，集団安全保障や勢力均衡等国際関係の基礎理論とも絡めて頻繁に出題されます。普段から新聞記事によく目を通しておくことが大切です。

選択肢の難易度

選択肢**1**は比較的簡単ですが，**2**〜**5**については，専門的な知識が問われており，少し難しいと感じるかもしれません。しかし，よく出る問題なのでしっかり学習しておく必要があります。

解答のコツ

選択肢の**2**〜**5**については，正誤の判断に迷うかもしれません。そこでこれらについては保留しておき，先に選択肢**1**を検討します。国際連盟の制裁措置が不十分であったことが第二次世界大戦を誘発させる一因となったことは高校の世界史や日本史でも触れられていますので，それを思い出せば，**2**以下の選択ができなくとも，妥当なものは**1**であると絞り込むことは可能です。

解説

1◎ 正しい。国際連盟は経済的な制裁措置に重点が置かれ，しかも全会一致による採択が必要であったため，侵略国に効果的な制裁を加えることができなかった。

2× 誤り。国連憲章には植民地保有の違法性を直接にうたった規定はない。

3× 誤り。朝鮮戦争をめぐる安保理事会の機能麻痺を踏まえ，国連総会は「平和のための結集決議」を採択し，総会が安全保障問題に関する措置を勧告できるようにしたが，国連憲章の改正は行われていない。

4× 誤り。PKOを派遣するには，紛争当事国の同意や要請が必要とされている。

5× 誤り。核不拡散条約は同盟国への核兵器持ち込みまで禁止していない。

正答 1

No.39

国際関係史

理想解答時間 3分　合格者正答率 80%

アメリカの外交史に関する次の記述のうち，妥当なものはどれか。

いずれも基本的な設問

1　朝鮮戦争の際，マッカーサー連合国軍最高司令官は中国東北地方の攻撃を提案したが，トルーマン大統領はロシアとの関係悪化をおそれたためそれを認めなかった。

2　F.ルーズベルト大統領が行った貿易制限による経済封鎖を受けて，日本は石油など生活に不可欠な資源の入手が困難になった。

3　ベトナム戦争でジョンソン大統領は，ケネディ大統領が開始した攻撃の中止を決定し，ベトナムからの撤退を決定した。

4　湾岸戦争では，国連安全保障理事会の承認を経ずに出兵が行われた。

5　イラク戦争で，ブッシュ大統領は，国連安全保障理事会の承認を経て出兵をした。

この問題の特徴

国際関係史は毎年のようにどこかで出題されています。安全保障や冷戦，軍縮問題と関連させた内容の設問が多いので，世界史や日本史，政治・経済の教科書で知識の確認と整理を行い，確実に正答できるようにしておく必要があります。

選択肢の難易度

いずれも基本的な設問といえます。時代が前後していて少し戸惑うかもしれませんが，落ち着いて考えれば解けるレベルの問題です。

解答のコツ

湾岸戦争とイラク戦争で，アメリカが武力行使に関する国連安保理の承認を得ていたかどうかは頻出問題といえます。選択肢**1**はやや難しいと感じるかもしれませんが，日本史の正確な知識があれば正答を見いだすことができるでしょう。

解説

1×　朝鮮戦争の際，戦局が膠着したため，マッカーサーは中国東北部の爆撃を主張したが，米ソの直接対決へと事態が悪化拡大することを恐れたトルーマン大統領は彼の意見を容れず，逆に政治指導に従わないマッカーサーを解任する。選択肢では，「ロシア」ではなく「ソ連」，「連合国軍最高司令官」ではなく「国連軍最高司令官」が正しい。

2◎　正しい。ルーズベルト大統領の発動した対日経済制裁は，俗にABCD包囲網といわれる。

3×　ベトナムからの米軍撤退を決定したのは，ジョンソン大統領の次の大統領であるニクソンである。

4×　湾岸戦争では，加盟国（多国籍軍）による武力行使を容認する国連安保理の決議が出されている。

5×　イラク戦争では，武力行使を認める安保理の決議は採択されておらず，それゆえEU諸国やロシアなどは攻撃に反対した経緯がある。

正答 2

No.40 EU

理想解答時間 3分

合格者正答率 60%

EU（欧州連合）に関する次の記述のうち，妥当なものはどれか。

1 ASEM（アジア欧州会合）は，アジアと欧州との間のパートナーシップを強化するための会議であり，EU全27か国が参加している。

2 旧ソ連から独立した共和国はすべてEUに加盟した。

3 EEC（欧州経済共同体）はイギリスとフランスを中心として結成された。

4 EUがEC（欧州共同体）から移行した際，共通の外交，安全保障を受け継ぎ，ユーロの導入等経済協力を強化した。

5 EU憲法（欧州憲法条約）の批准を巡っては反対を表明する国が多く見られ，賛成の立場をとっているのはイギリス，ドイツ，フランス，オランダのみであった。

新聞を読んでいれば解けるレベル

この問題の特徴

国際機構の分野では，国連に次いで出題が多いのがEUです。EUに関する問題は，地域機構としての設問（機能，性格，組織，構成国等）だけでなく，国際関係（ロシアや米国，トルコ等とのかかわり）や国際経済，さらに環境・人権といった国際問題の文脈からも問われることが多いので，普段から新聞に目を通しておく必要があります。さらに外務省のホームページをチェックしたり，EUに関する新書等を通読し，知識の整理をしておくことを勧めます。

選択肢の難易度

日頃新聞をきちんと読んでいれば十分に解けます。

解答のコツ

選択肢**1**はやや難しいので後回しにし，選択肢**3**～**5**の適否を考えましょう。いずれもよく出題されるポイントなので，記述の誤りを見いだすことができます。選択肢**2**は，旧ソ連を構成した共和国は数多く，中央アジアやコーカサス地域の国がEUに加わっていないことは落ち着いて考えればわかるはずです。消去法でいけば，ASEMに関する知識が不十分でも解けるでしょう。

解説

1◎　正しい。ASEMはEU全加盟国と欧州委員会首脳，ASEAN加盟国に日韓中などさまざまな国々が参加している。

2×　旧ソ連から独立した国でEU入りを果たしたのは，現状ではリトアニア，ラトビア，エストニアのバルト三国のみ。

3×　イギリスはEECには当初加わっていなかった。その後イギリスは1973年にECに加盟したが，2021年にはEUから離脱している。

4×　市場統合と経済協力の機構であったECを発展的に改組し，外交・安保政策や司法・内政面での協力統合をも視野に入れようと創設されたのがEUである。

5×　フランスとオランダは，国民投票で批准を否決している。

正答 1

PARTⅣ

これで受かる？
実力判定＆学習法アドバイス

PARTⅢの過去問を解き終わったら採点をして，
今の実力をしっかりと認識しましょう。
学習を始めたばかりではよい点は取れませんが，
あまり気にする必要はありません。
それよりも，自分の得意分野・不得意分野を自覚して
対策を立てるほうが大事です。
ここでは，採点の結果から今の実力を判定し，
どの分野が弱点なのかを明らかにします。
そして，得意・不得意の内容に応じた学習法を伝授します。

実力判定&学習法アドバイス

教養試験を採点してみよう!

PARTⅢで正答できた問題について,
表中の欄にチェックをし,正答数を数えてみましょう。
どの科目も1問につき1点になります。

問題番号	科目	正答	1回目	2回目	3回目	分野
No.1	政治	3				❶ 社会科学 1回目 /8 2回目 /8 3回目 /8 197ページへ
No.2	政治	4				
No.3	経済	5				
No.4	経済	5				
No.5	社会	4				
No.6	社会	1				
No.7	社会	5				
No.8	社会	3				
No.9	日本史	3				❷ 人文科学 1回目 /6 2回目 /6 3回目 /6 198ページへ
No.10	日本史	5				
No.11	世界史	4				
No.12	世界史	1				
No.13	地理	4				
No.14	地理	2				
No.15	数学	4				❸ 自然科学 1回目 /6 2回目 /6 3回目 /6 199ページへ
No.16	物理	1				
No.17	化学	5				
No.18	生物	3				
No.19	生物	2				
No.20	地学	1				

❶＋❷＋❸

一般知識分野

1回目 /20

2回目 /20

3回目 /20

結果判定の生かし方

採点結果を確認し，その後の勉強に生かすことが大事です。また，2回，3回と繰り返すことも重要です。繰り返すことで実力がついていることが確認できますし，1回目に正答しても2回目に間違えたのであれば，その問題については復習が必要なことがわかります。

問題番号	科目	正答	1回目	2回目	3回目	分野
No.21	文章理解	3				④ 文章理解＋資料解釈 1回目 ／8 2回目 ／8 3回目 ／8 196ページへ
No.22	文章理解	2				
No.23	文章理解	2				
No.24	文章理解	3				
No.25	文章理解	3				
No.26	文章理解	4				
No.27	文章理解	2				
No.28	判断推理	2				⑤ 判断推理＋数的推理 1回目 ／12 2回目 ／12 3回目 ／12 195ページへ
No.29	判断推理	3				
No.30	判断推理	5				
No.31	判断推理	3				
No.32	判断推理	2				
No.33	判断推理	5				
No.34	数的推理	2				
No.35	数的推理	4				
No.36	数的推理	4				
No.37	数的推理	4				
No.38	数的推理	3				
No.39	数的推理	3				
No.40	資料解釈	1				※④に加算する

④＋⑤ 一般知能分野

1回目	／20
2回目	／20
3回目	／20

①～⑤ 総合得点

1回目	／40
2回目	／40
3回目	／40

194ページへ

専門試験を採点してみよう!

PARTⅢで正答できた問題について,
表中の欄にチェックをし,正答数を数えてみましょう。
どの科目も1問につき1点になります。

問題番号	科目	正答	1回目	2回目	3回目	分野
No.1	政治学	2				※①に加算する
No.2	政治学	5				
No.3	行政学	2				
No.4	行政学	3				
No.5	憲法	5				❷ 法律系科目 1回目 /16 2回目 /16 3回目 /16
No.6	憲法	2				
No.7	憲法	5				
No.8	憲法	3				
No.9	憲法	1				
No.10	行政法	4				
No.11	行政法	5				
No.12	行政法	2				
No.13	行政法	4				
No.14	行政法	4				
No.15	行政法	2				
No.16	民法	4				
No.17	民法	5				
No.18	民法	4				
No.19	民法	3				
No.20	民法	1				

❶
政治学
+
行政学

1回目	/4
2回目	/4
3回目	/4

❶
+
❹
行政系科目

1回目	/11
2回目	/11
3回目	/11

めげないことが大切

専門試験は，法律や経済などのさまざまな専門分野から出題されるので，始めたばかりでは低い得点になってしまいます。しかし，学習を積み重ねていけば，得点がグングン伸びるのも専門試験の特徴です。1回目の得点が低くても，めげないことが大切です。

問題番号	科目	正答	1回目	2回目	3回目	分野
No.21	経済原論	4				③経済系科目 1回目 /13 2回目 /13 3回目 /13
No.22	経済原論	5				
No.23	経済原論	4				
No.24	経済原論	4				
No.25	経済原論	1				
No.26	経済原論	3				
No.27	経済原論	4				
No.28	経済原論	4				
No.29	経済原論	3				
No.30	経済原論	3				
No.31	財政学	1				
No.32	財政学	2				
No.33	財政学	1				
No.34	社会政策	3				④社会政策＋国際関係 1回目 / 7 2回目 / 7 3回目 / 7
No.35	社会政策	5				
No.36	社会政策	4				
No.37	国際関係	1				
No.38	国際関係	1				
No.39	国際関係	2				
No.40	国際関係	1				

①～④ 総合得点

1回目 /40

2回目 /40

3回目 /40

200ページへ

教養試験の総合得点 診断結果発表

191ページの「総合得点」の結果から，あなたの今の実力と，今後とるべき対策が見えてきます。では，さっそく見てみましょう！

30点以上　合格圏内です！　教養以外の対策も進めましょう

教養試験でこれだけ得点できれば，自信を持ってよいでしょう。「新スーパー過去問ゼミ」などの問題集に取り組んで，力を維持しましょう。過去問の学習ではカバーできない時事問題対策も忘れずに。

専門試験や論文試験，面接で失敗しないように，それらの対策も考えていきましょう。

オススメ本
『公務員試験　速攻の時事』（毎年2月に刊行）

24点以上　合格ラインです！　確実な得点力を身につけましょう

合格ラインには達しています。しかし，いつでも，どんな問題でも同じ得点を取れますか？　その点では安心できません。

安定的に高得点が取れるように，さらに問題演習を重ねていきましょう。苦手分野があるのならば，それを克服するために「新スーパー過去問ゼミ」などの問題集で重点的に学習をするとよいでしょう。

オススメ本
『市役所上・中級　教養・専門試験　過去問500』（毎年3月に刊行）

24点未満　まだまだこれから！　学習次第で実力をつけることは十分可能

このままでは合格は難しいでしょう。

しかし，学習を始めたばかりの人は，ほとんどがこのカテゴリに属しているはずです。公務員試験には知識もコツも必要なので，合格者でも最初から高得点が取れたわけではありません。

落ち込む必要はありません。次ページ以降で各分野・科目の得意・不得意を確認して，あなたに合った学習方針を探りましょう。

得点別に判定！

1 判断推理・数的推理の学習法

教養試験の最重要科目である判断推理と数的推理について，191ページの「⑤判断推理＋数的推理」の結果から，今後の対策を考えましょう。

11点以上　実力十分です！他の科目で足元をすくわれないよう

判断推理・数的推理の得点力はかなりあります。あとは他の科目で得点を稼げば教養試験の合格ラインに近づきます。

ただし，理想をいえば満点が欲しいところです。PARTⅢの過去問は過去問から定番の問題をピックアップしているので，難解な問題や意地悪な問題は含まれていないからです。時間を置いて再挑戦してみましょう。

6点以上　基礎力はあります！問題演習で得点力アップをめざそう

基礎的な問題を解く力はありますが，この点数では物足りません。

原因としては，①少しひねった問題だと対応できない，②時間がかかりすぎる，などが考えられます。どちらにしても，問題を解く筋道をパターン化して，「この問題ならこの解法！」と即座に反応できるようになることです。そのためには問題集で数多くの問題に取り組むことが有効です。

オススメ本
『新スーパー過去問ゼミ　判断推理』
『新スーパー過去問ゼミ　数的推理』

6点未満　基本から勉強！コツをつかめば得点はすぐ伸びます

判断推理や数的推理は公務員試験に特有のものなので，学習を始めたばかりの人は戸惑います。まずは初学者にやさしいテキストで基本から学習しましょう。きっかけさえつかめれば得点はグングン伸びていきます。

オススメ本
『判断推理がわかる！新・解法の玉手箱』
『数的推理がわかる！新・解法の玉手箱』
『最初でつまずかない数的推理』
『集中講義！数的推理の過去問』
『集中講義！図形・空間把握の過去問』

※本文中に挙げた書籍については，巻末「公務員受験BOOKS」を参照

得点別に判定！

2 文章理解・資料解釈の学習法

文章理解と資料解釈について，191ページの「④文章理解＋資料解釈」の結果から，今後の対策を考えましょう。

7点以上　言うことなし！　あとは解答時間の短縮だけ

文章理解・資料解釈の得点力はかなりあります。ただし，解答時間はどのくらいかかりましたか？　他の科目の問題に割くべき時間を文章理解・資料解釈に使っていませんか？

教養試験は時間との戦いです。文章理解・資料解釈についても，より短い時間で解答することを心掛けましょう。

オススメ本
『集中講義！文章理解の過去問』
『集中講義！資料解釈の過去問』

3点以上　もう少し得点したい！　地道に実力アップをめざそう

教養試験は時間が足りないので，文章理解や資料解釈のような時間がかかりそうな問題はパスしたくなります。

これに対する対策は，「この問題なら解けそうだ」と思える問題を増やすことです。文章理解や資料解釈の得点力は急激に伸ばすことは難しいので，問題演習を重ねてコツコツと実力をつけるしかありません。

オススメ本
『新スーパー過去問ゼミ　文章理解・資料解釈』

3点未満　この得点では苦しい！　でも，コツをつかめば伸びしろは大きい

文章理解や資料解釈は，得点源にしやすい科目ではありません。しかし，知識を問われるわけではなく，じっくり考えれば正答することのできる科目なので半分は正答したいところです。問題集が難しいようなら，基礎的な解法を学べるテキストを見てみるのもよいでしょう。

オススメ本
『集中講義！文章理解の過去問』
『集中講義！資料解釈の過去問』
『文章理解　すぐ解ける〈直感ルール〉ブック』
『公務員試験　速攻の英語』

得点別に判定！

3 社会科学の学習法

社会科学について，190ページの「①社会科学」の結果から，今後の対策を考えましょう。

7点以上 実力十分です！ ただし時事問題の動向に注意

社会科学は時事的な内容が多く出題されるので，年度によって，出題内容が変化します。そのため，社会情勢に左右されない政治学や憲法，経済学の基礎的な理論・知識については確実に正答したいところです。

時事的な内容については，毎年の新しい話題に注意を払う必要があります。とはいえ「どこに注目すべきか」のコツをつかむのは容易ではないため，公務員試験用の時事対策本を活用するのが早道です。

オススメ本
『公務員試験　速攻の時事』（毎年2月に刊行）
『公務員試験　速攻の時事　実戦トレーニング編』（毎年2月に刊行）

4点以上 得意なのは特定科目だけ？ 全般的な得点力アップをめざそう

社会科学は「政治」「経済」「社会」などの科目で構成されますが，そのうちのどれかが苦手という人は多くいます。その場合，社会科学全体で見ると半分そこそこの得点にとどまってしまいます。

専門科目と重複する分野も含めて数多くの問題を解くことで，社会科学全体の得点力を引き上げることが可能です。

オススメ本
『新スーパー過去問ゼミ　社会科学』
『過去問ダイレクトナビ　政治・経済』

4点未満 専門的な用語になじめない？ 用語の意味を覚えながら学ぼう

公務員をめざす人にとって，現代の社会について問われる社会科学は，本来得意にしやすい分野です。しかし，学習を始めたばかりだと，専門的な用語に戸惑う場合もあります。特に経済についてはテキストを用いて用語の意味を覚えながら学習するのも，一つの選択肢です。

オススメ本
『20日間で学ぶ政治・経済の基礎』
『最初でつまずかない経済学』

得点別に判定！

4 人文科学の学習法

人文科学について，190ページの「②人文科学」の結果から，今後の対策を考えましょう。

5点以上　実力があります！ だからこそ深入りは禁物

人文科学はとても広い範囲から出題されます。たとえば世界史だけで考えても，古代から現代までとても広い範囲から出題の可能性があります。ですから，人文科学の学習は「キリがない」ともいえるのです。

ときどき，マニアックに細かく勉強している人がいますが，それでは非効率的です。ここで高得点を取れるような人が，さらに人文科学を極めても，これ以上得点は伸びません。満点をめざしてもあまり意味はないので，他の苦手科目・分野に目を向けましょう。

3点以上　向上の余地あり！ 得点力アップをめざそう

人文科学に深入りは禁物ですが，半分程度の正答率という人は，もう少し得点力を伸ばせるでしょう。毎年どこかの試験で出題される最頻出テーマはもちろん，より長い間隔で出題されるテーマについても，問題演習の中で知識を確認しておきたいところです。

オススメ本
『新スーパー過去問ゼミ　人文科学』
『過去問ダイレクトナビ　日本史』
『過去問ダイレクトナビ　世界史』
『過去問ダイレクトナビ　地理』

3点未満　明らかに苦手な人 過去問演習が難しければテキストで

高校時代に日本史，世界史，地理を選択しなかった人にとって，人文科学は難しいものです。いきなり過去問を解くことに抵抗があるならば，公務員試験の範囲に限定したテキストから始めるのも一つの方法です。

オススメ本
『20日間で学ぶ日本史・世界史［文学・芸術］の基礎』
『20日間で学ぶ社会・地理［思想］の基礎』

得点別に判定！

5 自然科学の学習法

自然科学について，190ページの「③自然科学」の結果から，今後の対策を考えましょう。

5点以上　合格ラインです！確実な得点力を身につけましょう

公務員試験の受験生は，文系出身者が多いということもあって，自然科学に苦手意識を持つ人が多くなっています。そのため，自然科学が得意であれば他の受験生に差をつけることができます。

すでにここで高得点を取れるのであれば，他の受験生に対してリードを奪っているということなので，ここはむしろ他の苦手科目・分野に目を向けるほうが得策でしょう。

2点以上　得点力は伸びる！解法のパターンを習得しよう

自然科学は，高校で数学や理科をあまり学ばなかった初学者には難しく感じられます。しかし，自然科学には特定の頻出テーマがあり，特定の知識（公式など）さえ知っていれば，パターン化された解法で解ける問題も多いのです。そのため，問題演習を繰り返していくことで得点力を上げることが可能です。

オススメ本
『新スーパー過去問ゼミ　自然科学』
『過去問ダイレクトナビ　物理・化学』
『過去問ダイレクトナビ　生物・地学』

2点未満　どうしても苦手な人 学びやすいテーマだけでも押さえよう

問題文を見ただけで「とても解けそうもない」と，自然科学を「捨て科目」にしてしまう人がいます。しかし，それは非常にもったいないことです。また，教養試験全体の得点を考えても，自然科学が0点では苦しくなります。

そこで，易しいテーマだけでも学習して「せめて2点は取る」ことを考えましょう。よく見れば自然科学にも学びやすいテーマがあるのです。

オススメ本
『公務員試験　速攻の自然科学』（毎年2月刊行）

専門試験の総合得点診断結果発表

193ページの「総合得点」の結果から，あなたの今の実力と，今後取るべき対策が見えてきます。では，さっそく見てみましょう！

30点以上

合格圏内です！ 専門以外の対策も進めましょう

これだけ得点できれば，自信を持ってよいでしょう。「新スーパー過去問ゼミ」などの問題集に取り組んで，力を維持しましょう。過去問の学習ではカバーできない法改正や経済事情などの対策も忘れずに。

教養試験や論文試験，面接で失敗しないように，それらの対策も考えていきましょう。

オススメ本

『現職採点官が教える！合格論文術』（毎年2月に刊行）
『論文試験　頻出テーマのまとめ方』（毎年3月に刊行）

24点以上

合格ラインです！ 確実な得点力を身につけましょう

合格ラインに達しています。しかし，いつでも，どんな問題でも同じ得点を取れますか？　その点では安心できません。

安定的に高得点が取れるように，さらに問題演習を重ねていきましょう。苦手科目があるのならば，それを克服するために「新スーパー過去問ゼミ」などの問題集で重点的に学習をするとよいでしょう。

オススメ本

『市役所上・中級　教養・専門試験　過去問500』（毎年3月に刊行）

24点未満

まだまだこれから！ 学習次第で実力をつけることは十分可

このままでは合格は難しいでしょう。

しかし，学習を始めたばかりの人は皆，このカテゴリに属しています。だれもが法律または経済，あるいはその両方にゼロから取り組むのです。

落ち込む必要はありません。次ページで各科目の得意・不得意を確認して，あなたに合った学習方針を探りましょう。

得点別に判定！

1 専門試験の学習法

専門試験について，192～193ページの結果から，今後の対策を考えましょう。行政系科目，法律系科目，経済系科目といったまとまりでも，各科目ごとでもよいので，何％正答できたかをチェックしてください。

70％以上　実力十分です！学習を続けるかは科目の性質によります

70％の正答率は，その科目の学習がうまくいっていることを表します。さらに学習を進めていくのか，ほかの科目に向かうのかは科目次第です。

頻出のテーマから多く出題される科目で，しかも出題数が比較的多いのであれば，80％や90％の正答率をめざしてもよいでしょう。たとえば憲法や経済原論がそれに当たります。しかし，学習を続けても得点が伸びなくなったと感じるなら，ほかの科目に切り替えることも必要です。

40％以上　実力アップ中！さらに問題演習を重ねよう

専門試験は，わからない人にはまったくわからない問題が出ます。ですから，40％の正答率でも学習の効果の現れです。しかし，もちろんこれでは不十分。多くの問題を解くことで，得点力を上げていきましょう。1つのテーマについて過去問を集めている問題集を解くのが効率的です。

オススメ本
「新スーパー過去問ゼミ」シリーズ（科目別に16冊）

40％未満　得点力が伸びないなら専門的な用語の意味を覚えながら学ぼう

基本的には，初学者でもとにかく過去問を解いていくのがオーソドックスな学習法です。しかし，専門的な用語に戸惑って思うように進まない場合もあります。テキストを用いて，用語の意味を覚えながら学習するのも一つの方法です。

オススメ本
「集中講義」シリーズ（科目別に5冊）
「20日間で学ぶ」シリーズ（科目別に2冊）
『最初でつまずかない』シリーズ（科目別に6冊）

カバーデザイン　サイクルデザイン
本文デザイン　サイクルデザイン
イラスト　アキワシンヤ

●本書の内容に関するお問合せについて

本書の内容に誤りと思われるところがありましたら，まずは小社ブックスサイト（jitsumu.hondana.jp）中の本書ページ内にある正誤表・訂正表をご確認ください。正誤表・訂正表がない場合や，正誤表・訂正表に該当箇所が掲載されていない場合は，書名，発行年月日，お客様のお名前・連絡先，該当箇所のページ番号と具体的な誤りの内容・理由等をご記入のうえ，郵便，FAX，メールにてお問合せください。

〒163-8671　東京都新宿区新宿 1-1-12　実務教育出版　第二編集部問合せ窓口
FAX：03-5369-2237　E-mail：jitsumu_2hen@jitsumu.co.jp

【ご注意】
※**電話でのお問合せは，一切受け付けておりません。**
※**内容の正誤以外のお問合せ（詳しい解説・受験指導のご要望等）には対応できません。**

2025年度版
市役所試験
早わかりブック

2023年11月10日　初版第１刷発行　〈検印省略〉

編　者　資格試験研究会
発行者　小山隆之

発行所　株式会社　実務教育出版
〒163-8671　東京都新宿区新宿1-1-12
☎編集　03-3355-1812　販売　03-3355-1951
振替　00160-0-78270
組　版　明昌堂
印　刷　図書印刷
製　本　東京美術紙工

ISBN 978-4-7889-3116-9 C0030　Printed in Japan

近年の過去問の中から約500問（大卒警察官、大卒・高卒消防官は約350問）を精選。実力試しや試験別の出題傾向、レベル、範囲等を知るために最適の過去問＆解説集で最新の出題例も収録しています。

★公務員試験 「合格の500」シリーズ [年度版] ●資格試験研究会編

国家総合職 教養試験過去問500	**地方上級** 教養試験過去問500
国家総合職 専門試験過去問500	**地方上級** 専門試験過去問500
国家一般職[大卒] 教養試験過去問500	**東京都・特別区**[Ⅰ類] 教養・専門試験過去問500
国家一般職[大卒] 専門試験過去問500	**市役所上・中級** 教養・専門試験過去問500
国家専門職[大卒] 教養・専門試験過去問500	**大卒警察官** 教養試験過去問350
大卒・高卒 消防官 教養試験過去問350	

短期間で効率のよい受験対策をするために、実際の試験で問われる「必須知識」の習得と「過去問演習」の両方を20日間で終了できるよう構成した「テキスト＋演習書」の基本シリーズです。20日間の各テーマには、基礎事項確認の「理解度チェック」も付いています。

★上・中級公務員試験 「20日間で学ぶ」シリーズ

◎教養分野
資格試験研究会編●定価1430円

20日間で学ぶ **政治・経済の基礎** [改訂版]	20日間で学ぶ **日本史・世界史**[文学・芸術]**の基礎** [改訂版]
20日間で学ぶ **物理・化学**[数学]**の基礎** [改訂版]	20日間で学ぶ **生物・地学の基礎** [改訂版]

◎専門分野
資格試験研究会編●定価1540円

20日間で学ぶ **憲法の基礎** [改訂版]　　　　　長尾一紘 編著	20日間で学ぶ **国際関係の基礎** [改訂版]　　　　　高瀬淳一 編著

国家一般職[大卒]・総合職、地方上級などの技術系区分に対応。「技術系スーパー過去問ゼミ」は頻出テーマ別の構成で、問題・解説に加えてポイント整理もあり体系的理解が深まります。「技術系〈最新〉過去問」は近年の問題をNo.順に全問掲載し、すべてに詳しい解説を付けています。

★上・中級公務員「技術系スーパー過去問ゼミ」シリーズ

技術系新スーパー過去問ゼミ **工学に関する基礎**(数学/物理)　　資格試験研究会編 丸山大介執筆●定価3300円	技術系新スーパー過去問ゼミ **土木**　　資格試験研究会編 丸山大介執筆●定価3300円
技術系新スーパー過去問ゼミ **化学**　　　資格試験研究会編●定価3300円	技術系新スーパー過去問ゼミ **電気・電子・デジタル**　　資格試験研究会編●定価3300円
技術系新スーパー過去問ゼミ **機械**　　　資格試験研究会編 土井正好執筆●定価3300円	技術系新スーパー過去問ゼミ **農学・農業**　　資格試験研究会編●定価3300円
技術系新スーパー過去問ゼミ **土木** [補習編]　　資格試験研究会編 丸山大介執筆●定価2970円	

★技術系〈最新〉過去問シリーズ [隔年発行]

技術系〈最新〉過去問 **工学に関する基礎**(数学/物理)　　資格試験研究会編	技術系〈最新〉過去問 **土木**　　　　　　　資格試験研究会編

年度版の書籍については、当社ホームページで価格をご確認ください。https://www.jitsumu.co.jp/